시돈
시리아
다메섹
(다마스쿠스)
사렙다
(사르밧)
페
니
바알갓
(바알헤르몬)
헤르몬산
헤롤론
키리타니강
두로
아
단
가이사랴빌립보
(파니아스)
벧아낫
카다사
훌라
호수
아
셀
압돈
엑딥파
악십
기스칼라
메롬
하솔
메롬산
가울라니티스
바산(고원지대)
드라고닛
프톨레마이오스
악고
고라신
가버나움
벳새다
율리아스
바타네아
라파나
나베
갈릴리
아벡
요타파타
가나
게네사렛
막달라
갈릴리
바다
거르게사
(거라사)
가울라나
거룻나임
아스다롯
악고 평원
아소키스
루마
아르벨라
히포스
거말라
디움
카나타
그낫
세포리스
디베랴
센나브리스
갈멜산
나사렛
다볼
다볼산
필로테리아
아르북강
아빌라
보스라
기손강
이스르엘
도라
돌
게바
므깃도
나인
가다라
카피톨리아스
사론
이스르엘
아그리피나
가이사랴
다아낙
스키토폴리스
벧산
아르벨라
벧아벨
나르바타
이블르암
펠라
데가볼리
길보아산
샬렘
애논
사마리아
미스바
(길르앗)
소고
길르앗
디르사
요
세바스테
사마리아
에발산
수가
암마투스
거라사
단
세겜
네아폴리스
그리심산
강
아폴로니아
얍복강
아크라베타
안디바드리
알렉산드리움
사르탄
답부아
실로
가아스산
파셀리스
아리마대
욥바
에브라임산지
가도라(그롭)
아켈라이스
암몬
고프나
이소라
롯다(로드)
에브라임
아딧다
벧엘
필라델피아
랍바
깃다임
모디인
미스바
마크마스
여리고
베레아
티루스
얌니아
가자라
벧호론
기브온
아빌라
게셀
엠마오
기브아
베다니
(벧아바라)
라바아스
감람산
벧라마타
에스부스
벳바게
아소도
모리아산
예루살렘
쿰란
느보산
악카론
딤나
베다니
헤스본
벧세메스
에그론
베들레헴
메드바
베셀
가드
유대
벧바알므온
헤로디움
아스글론
립나(리블라)
그일라
칼리로에
드고아
마리사
벧술
안테돈
(아그리피아스)
라기스
염 해
(사해)
마케루스
가사
아도라
헤브론
엔게디
디본(디몬)
그데못광야
십
십광야
아르논강
그랄
브솔강
마온
마온광야
브솔
아랏
마사다
라피아
호르마
아레오폴리스
아르
브엘세바
말라타
길모압
(길하레셋)
이두매
(에돔)
엘루사
나바테아
소금골짜기
(싯딤골짜기)
소알
네 게 브
세렛
세렛강
브엘라해로이
호르산
바란광야
지
중
해
성경 2.0 지도 기호
산
도시(불확실한 위치)
도시
데카폴리스 10개 도시 연합
데카폴리스 포함에 논란이 있는 도시
주요 도시, 지명
- 바다, 강, 호수 : 파란색 글씨
- 고대 근동 국가, 지역 : 보라색 글씨
- 평야, 산지 골짜기 : 녹색 글씨

성경 2.0 지도 기호
산
도시(불확실한 위치)
도시
주요 도시, 지명
교회(요한계시록 7교회)
- 바다, 강, 호수 : 파란색 글씨
- 고대 근동 국가, 지역 : 보라색 글씨
- 고원, 산맥, 광야 : 녹색 글씨
- 현대 지명 : 빨간색 글씨
흑 해
지 중 해
에게 해
아 드 리 아 해
티레니아해
홍 해
로마
시실리아
이스탄불
(비잔티움)
빌립보
데살로니가
고린도
아덴(아테네)
버가모
두아디라
서머나
사데
빌라델비아
에베소
라오디게아
골로새
앙카라
갈라디아
갑바도기아
안디옥
루가오니아
다소
실루기아
알레포
하맛
아람
아모리
〈시리아〉
다메섹
다마스커스
베이루트
시돈
두로
가이사랴
〈이스라엘〉
벧엘
예루살렘
가사
헤브론
브엘세바
랍바(암만)
암몬
모압
〈요르단〉
에돔
(세일)
시내 반도
시내산
미디안
애굽
〈이집트〉
온(카이로)
라암셋
(람세스)
알렉산드리아
상부 이집트
누 비 아
나 일 강
〈리비아〉
구레네
베레니게
메소포타미아
아수르
니느웨
(모술)
바그다드
바벨론
바빌로니아
우르
갈대아
수메르
수사
엘 람
〈이라크〉
〈이란〉
〈쿠웨이트〉
쿠웨이트
시로-아라비아
〈사우디아라비아〉
아라랏 산 맥
예레반
유 프 라 테 스 강
티그리스강
앗시리아
메 대
자그로스산맥

성경통독의 새로운 기준

신약 성경 The Bible 2.0

❸ 사도행전, 옥중서신, 목회서신

에베소서, 빌립보서, 골로새서, 빌레몬서, 디모데전서, 디도서, 디모데후서

성경2.0 성경통독의 새로운 기준

글 김종우 | **그림** 배광선 | **감수** 오광만

초판 1쇄 인쇄 2024년 9월 5일
초판 1쇄 발행 2024년 9월 12일

발행처 (주)CMcreative
발행인 이길우
기획 총괄 정기필
책임 편집 이경희
CG 장유미, 신선영
그림 스탭 이상일, 강지선
표지 디자인 SONBOM 박정윤
본문 편집 디자인 SONBOM 김원경, 한민희
제작 지원 이한영
인쇄 미래피앤피 최영민

등록번호 제387-2012-000039호
등록일자 2012.6.12

주소 경기도 고양시 덕양구 청초로66 덕은리버워크 A819호
전화 032-325-2181(편집부), 032-325-9600(영업부) | **팩스** 032-325-3181

ISBN 978-89-97923-33-5

책값은 표지에 있습니다.
잘못된 책은 구입하신 곳에서 교환해 드립니다.

성경2.0 공식 블로그 : http : //blog.daum.net/cmcm2012(다음 블로그 검색: 성경2.0)

성경통독의 새로운 기준

신약

성경 The Bible 2.0

3 사도행전, 옥중서신, 목회서신

에베소서, 빌립보서, 골로새서, 빌레몬서, 디모데전서, 디도서, 디모데후서

김종우 글 | 배광선 그림 | 오광만 감수

CM creative

오직 성경을 쉽게 이해하도록 다듬은 책

많은 분들이 《성경2.0》 구약 편에 대해서 긍정적인 평가와 찬사를 보내 주셨지만, 제작자의 입장에서는 어쩔 수 없이 현실적으로 타협할 수밖에 없어 아쉬운 부분이 있었습니다. “성경의 의미를 훼손하지 않는 범위 안에서 최대한 쉽게 성경의 모든 것을 담자!”라는 《성경2.0》의 기획 의도를 충분히 반영하지 못했다고 생각한 것이지요.

제작 환경(인력, 비용, 시간), 만화라는 특성, 지면의 한계, 텍스트의 구성 등을 고려하더라도 신약 편은 가능한 범위 내에서 그 아쉬웠던 부분을 보완하고 최대한 완성도를 높이고 싶었습니다. 또한 《성경2.0》을 아껴 주시고 격려와 응원해 주시는 독자들을 실망시키지 않기 위해서라도 구약보다는 더 나은 신약을 만들어야 했습니다.

그렇게 해서 구약(전7권)이 완간된 지 5년하고도 6개월이 지나서야 신약 편의 첫 권을 내놓게 되었습니다.

신약 편은 구약 편과 여러 부분에서 차이가 있다는 걸 알 수 있을 것입니다. 그중에 가장 중요하고 크게 바뀐 것은 텍스트 구성입니다. 신약 편은 헬라어 성경을 기반으로 그 의미를 훼손하지 않고 최대한 쉽게 풀어 써서 쉽게 읽히지만 그 어떤 성경보다도 헬라어 성경에 충실하다고 할 수 있습니다. 또한 신약 편에서는 구약 편과 달리 요약하거나 생략한 구절이 없습니다. 그러다 보니 ‘장’뿐만 아니라 ‘절’까지 표시되어 있습니다.

이로써 《성경2.0》의 기획 의도에 좀 더 충실하게 된 것이지요.

현대 사회에서 바쁜 일상을 보내는 사람들이 교회에서 일주일에 한 시간 설교를 듣고, 일주일에 한두 시간 공부를 해서 성경을 제대로 알기란 참으로 요원한 일입니다. 또한 공부를 한다고 해도 그걸 제대로 이해하는 것은 더욱더 어렵습니다.

《성경2.0》은 펼쳐보기에 부담이 없고, 재미있고, 이해하기 쉽습니다. 성경 구절, 대사, 주석, 팁, 지도, 그림 묘사까지 모든 것이 오직 쉽게 이해하는 데 중점을 두고 다듬었습니다. 성경을 공부하는 데 들이는 시간도 획기적으로 줄여줄 것입니다. 그리고 정통 개혁주의 신학을 따르기 때문에 신학적으로도 안심하고 읽을 수 있습니다.

신약 1권의 출간을 앞두고 마치 구약 1권을 처음 낼 때처럼 기대 반, 걱정 반입니다. 최선을 다했지만 여전히 미흡한 점이 많습니다. 너그러이 봐주시길 당부를 드리고, 이 책이 하나님 말씀을 가까이하는 데 꼭 필요한 도구로 쓰이길 바랄 뿐입니다.

이길우

| 글 작가 머리말 |

무명한 자, 연약한 자를 쓰시는 하나님

'풀은 마르고 꽃은 떨어지되 오직 주의 말씀은 세세토록 있도다.' -베드로전서 1:24

길을 잃어버린 이 시대에 우리에게 가장 필요한 것이 무엇일까? 누군가 이렇게 묻는다면 저는 하나님의 말씀인 '성경'이라고 대답할 것입니다. 그래서 어떤 식으로든 많은 사람에게 성경을 읽히게 하는 것은 모든 교회와 그리스도인들의 시대적 소명이라고 생각합니다.

《성경2.0》은 그러한 하나님의 요구에 순종한 책 중 하나입니다.

저는 그런 책의 제작에 참여하면서 이렇게 고백할 수밖에 없었습니다.

"부족하고 연약한 사람들을 통해 성경을 쓰신 하나님께서 오늘도 그 일을 하시는구나."

저는 평범한 젊은 목회자입니다. 무명한 자, 무식한 자, 연약한 자, 맡겨진 삶과 적은 사람을 돌보는 일에도 벅참을 느끼며 그 부족함과 연약함에 깊이 고뇌하는 자. 목회자이지만 여전히 믿음의 길 위에서 수많은 질문을 던져가며 간신히 하나님의 궤도 안에 머무르고 있는 자. 쉽게 말해 이 책을 쓰기에 전혀 자격이 없는 자가 바로 저입니다.

이런 제 자신을 너무 잘 알기에 이 책을 쓰면서도 얼마나 많이 포기하고 싶었는지 모릅니다. 왜냐하면 이 책을 기다리는 많은 독자와 이길우 대표를 비롯해서 누구보다 하나님께 죄송했기 때문입니다. 자격 없는 자가 이 일을 하겠다고 한 것은 아닌지, 《성경2.0》에 폐를 끼치는 것은 아닌지, 무엇보다 하나님의 말씀을 훼손시키는 것은 아닌지 하는 생각이 저를 괴롭혔습니다. 지금은 이렇게 고백합니다. "하나님께서 하셨습니다!"

사실《성경2.0》을 집필해 달라는 제안을 받았을 때 저는 모든 면에서 '번 아웃' 상태였습니다. 계속 목회할 수 있을지에 대한 심각한 영적 무기력과 무능함에 빠져 있었습니다. 그동안의 시간을 돌아볼 때,《성경2.0》집필에 대한 제안은 외로운 들판에서 양 떼를 치던 목동 다윗에게 사무엘이 찾아온 것과 같았고, '고기나 잡으러 가노라' 말했던 베드로를 새롭게 하신 하나님의 손길과도 같았습니다. 그렇게 하나님은 저를 말씀으로 초대하셨고 저를 살리기 위해 이 글을 쓰게 하셨으며 결국 예수 그리스도의 복음을 통해 제 영혼을 새롭게 빚으셨습니다.

여전히 이 책에 담긴 저의 설명에 부족함을 느낍니다. 책의 지면상 다 담지 못한 설명에 아쉬움도 있고 고치고 싶은 부분도 있습니다. 그러나 이 목마름은 결국 채워지지 않을 것을 알기에 그 일은 성령께서 하실 일로 남겨 두고자 합니다. 다만, 이 책이 누군가에게 하나님이 사용하시는 오병이어와 같은 도구, 겨자씨처럼 작지만 귀한 도구가 되기를 소망합니다.

오랜 시간 저를 신뢰하고 응원해 주신 이길우 대표와 힘든 시간을 함께 견뎌 주며 끝까지 하나님 나라를 함께 세워 갈 사랑하는 아내 박효정 사모, 그리고 부족한 아빠를 늘 최고라고 말해 주는 소중한 자녀 하준, 하로, 하야에게 진심을 담아 감사를 전합니다. 마지막으로 저 같은 자를 자녀 삼아 주시고, 저 같은 자를 당신의 도구로 빚으셔서 당신의 영광을 위해 사용하시는 사랑하는 주님! 주님께 모든 영광과 감사를 드립니다.

김종우 목사

그림 작가 머리말

그리스도에게로 안내하는 길잡이

《성경2.0》 구약 편을 마무리한 후, 대표님에게 "신약 작화는 못하겠습니다!"라고 했습니다. 구약을 힘들게 마무리했기에 신약 작업을 또다시 하기엔 체력이나 정신적으로 무리라 생각했습니다. 3년이 지난 후 대표님의 연락을 받았을 때도 역시 난감해하며 몇 번이나 거절을 했습니다. 대표님의 마지막 연락을 받았을 때, 저는 큰 수술 일정이 잡혀 있었고, 작업을 할 수 있는 여건이 아니었습니다. 다행히 수술은 잘 되었으며 회복은 빨랐습니다. 이때, 대표님은 음료수가 아닌 계약서를 들고 병문안을 왔었지요. 그 자리에서 계약서에 서명했습니다.

문득 비둘기라는 뜻을 가진 예언자 '요나'가 떠올랐습니다. 이스라엘의 여로보암 2세가 왕이었을 때 활약했던 예언자이지요. 여호와의 말씀을 거역하며 도망치던 요나는 바다에 빠져서 큰 물고기에 먹혀 사흘 밤낮을 고통스럽게 보내다가 살려 달라는 기도를 하게 됩니다. 기도에 대한 응답으로 물고기의 배 속에서 살아나온 요나는 결국 하나님의 말씀을 전하러 니느웨로 향하게 되죠.

'비교불가'지만 제 마음이 그때 그랬습니다.

신약 성경을 만화로 그리면서, 저는 한 사람을 만났습니다.

그는 사람을 사랑했습니다. 그는 가장 가난한 자들, 핍박받는 자들 속에 머물렀고 그들을 위해 죽음도 받아들였습니다. 그는 파격적이었습니다. 당시엔 한 사람으로서 제대로 대접받지도 못했던 여성, 어린이, 장애인, 이방인조차 조금의 거리낌 없이 받아들였으며 형식에 얽매이지 않았습니다.

그가 수많은 말씀을 통해 얘기하고 있던 것은 무엇일까요?

하나님이 성경을 통해 우리에게 전하는 메시지는 무엇일까요?

《성경2.0》이 저에게, 또 많은 이들에게 그 해답을 찾는 길잡이가 되기를 바랍니다.

가슴에 와 닿은 성경 한 구절로 이 글을 마무리하겠습니다.

"예수께서 이르시되 '네 마음을 다하고 목숨을 다하고 뜻을 다하여 주 너의 하나님을 사랑하라' 하셨으니, 이것이 가장 중요하고 첫째 되는 계명이요, 둘째도 그와 같으니 '네 이웃을 네 몸과 같이 사랑하라' 하셨으니 이 두 계명에 모든 율법과 예언자의 참뜻이 있다." -마태복음 22:37~40

《성경2.0》 구약 편의 작업을 시작한 후 지금까지 한 순간도 한 페이지도 쉽지 않았던 이 길을 함께 해 준 동료, 이상일, 강지선 작가님과 서관석 선생님, 가족들에게 진심으로 감사드립니다.

배광선

누구나 쉽게 공감할 수 있는 최고의 성경 도구, 《성경 2.0》

그리스도인은 예수 그리스도를 따르는 사람입니다. 그래서 신자들이 그분을 더 알고 싶고, 배우고 싶고, 그분이 기뻐하시는 것을 삶으로 드러내고 싶어 하는 것은 매우 자연스러운 일입니다. 신약 성경은 그리스도가 누구인지, 무슨 일을 하셨는지, 그분으로 인해 우리가 받은 복과 은혜가 무엇인지를 알려 주는 책입니다.

신약 성경보다 그리스도에 대해 더 잘 알려 주는 책은 없습니다. 그리스도를 알려면 신약 성경을 읽어야 합니다. 문제는 이 성경을 혼자서 읽기가 쉽지 않다는 점입니다. 설령 큰맘 먹고 읽기 시작했다고 하더라도 중단에 포기하기 쉽고, 읽어도 선뜻 이해되지 않는 내용이 많다는 것도 문제입니다.

《성경2.0》 신약 편은 독자들이 신약 성경을 친근하면서도 자주 대하게 하고, 이해하기 쉽게 도와주는 책입니다. 하나님의 말씀인 성경과 재미있는 만화는 언뜻 어울리지 않을 것 같지만, 저는 이것이 오히려 성경의 특성을 잘 나타낸다고 생각합니다.

성경은 세상 사람들이 이해하고 공감할 수 있는 정서에 맞게 배경, 표현, 공감대를 가지고 쓰였습니다. 하나님의 아들이신 우리 주 예수님은 사람들에게 하나님을 더 잘 알게 하시려고 우리의 삶에 공감하시고 우리의 언어와 정서를 가진 사람으로 오셨습니다. 하나님의 말씀은 먼 하늘에 있는 것이 아니라 우리가 손을 뻗으면 닿는 곳에 있습니다.

하지만 성경은 무척 어렵기도 합니다. 우리와 다른 시대에, 다른 언어와 문화와 관습을 가진 사람들에게 주신 말씀이기 때문입니다. 그것을 우리가 이해하려면 각각의 문제들을 설명해 주는 전문가들이 있어야 하는데, 이러한 우리의 문제를 명쾌하게 해결시켜 줄 책이 바로 《성경2.0》입니다.

이 책은 몇 가지 면에서 독자들에게 많은 도움을 줄 것입니다.

첫째, 재미있는 만화로 성경을 풀이하고 있어, 남녀노소 누구나 이 책을 읽을 수 있고, 그림으로 묘사된 상황은 쉽게 이해될 것입니다.

둘째, 독자들의 궁금증과 반응을 말풍선에서 언급하고 있습니다. 때로는 재미있고, 때로는 시기적절한 양념 같은 대사로 재미를 더하고 성경을 이해하는 데 도움을 줄 것입니다.

셋째, 곳곳에 배치된 '팁'과 '주석'은 성경의 배경 지식, 역사, 근거 등을 쉽게 정리해서 성경의 낯선 문화와 역사적 사실 등을 이해하는 좋은 정보를 제공해 줄 것입니다.

넷째, 이 책은 신약학을 연구한 전문적인 성경학자가 검토했기 때문에 신학적으로도 신뢰할 수 있습니다. 《성경2.0》은 편히 읽을 수 있지만 견고한 신학적 근거 위에 세워진 또 다른 번역 성경입니다.

《성경2.0》은 어린아이, 초신자뿐만 아니라 그간 성경을 부분적으로 읽어 성경 내용 전체를 이해하는 데 어려움을 느꼈던 모든 신자들에게 반드시 필요한 책입니다.

오광만 교수

이 책의 인물들

누가 Luke

사도행전의 저자이며, 시리아의 안디옥 출신으로 이방인이자 의사였다. 바울의 전도 여행에도 동행했으며, 바울의 1차 로마 투옥 때도 함께했고, 2차 로마 투옥 때는 누가만이 바울의 곁을 지켰다.

베드로 Peter

12 사도 중에 한 명이며, 예수님이 떠나신 후, 혼란한 예루살렘 교회를 돌보고 복음의 기틀을 정립했던 최고 지도자 중 한 사람이다. 유대인을 위한 사도로 불린다.

바울 Paul

율법에 충실했던 바리새인으로 교회의 탄압에 앞장섰으나 예수님을 만나 사명을 받는다. 시리아, 소아시아, 그리스, 로마까지 복음을 전했으며, 이방인을 위한 사도로 불린다.

바나바 Barnabas

구브로섬 출신으로 마가 요한의 삼촌이기도 하다. 바울과 함께 이방 지역 전도에 앞장섰으며, 복음이 전 세계로 뻗어나갈 수 있는 초석을 마련했다.

마가 Mark

본명은 요한이며, 바나바의 조카이자 마가복음의 저자이다. 마가의 다락방은 초대 예루살렘 교회로 사용되었으며, 바울의 이방 지역 전도를 도왔다.

스데반 Stephen

예루살렘 초대 교회 일곱 집사 중에 한 사람이자 최초의 순교자다. 그의 죽음 이후 교회에 대한 대대적인 박해가 이어졌고, 그때 이방 지역으로 흩어진 성도들로 인해 복음이 유대 지역을 벗어나는 계기가 됐다.

빌립 Philip

예루살렘 초대 교회의 일곱 집사 중에 한 사람이다.
스데반의 죽음 이후 사마리아, 에티오피아, 지중해 연안에 복음을 전했다.

고넬료 Cornelius

이방인으로 가이사랴에 주둔했던 로마 군대의 백부장이다.
이방인 최초의 그리스도인으로 보기도 하며, 베드로는 그를 계기로
이방인 전도에 대한 방향을 정립한다.

아볼로 Apollos

알렉산드리아 출신의 유대인 율법 학자다.
에베소에서 그리스도에 대해 배운 후
아가야 지방으로 갔으며 고린도 교회에 큰 영향을 끼쳤다.

디모데 Timothy

루스드라 출신으로 바울의 2차 전도 여행부터 중요한 동역자로 함께했다.
바울은 그를 '사랑하는 아들'로 표현했으며,
학자들은 그를 바울의 후계자로 보기도 한다.

디도 Titus

그리스인이자 바울의 전도 여행에 함께했던 중요한 동역자였다.
바울의 여러 가지 명령을 충실하게 수행했으며,
바울은 그를 '참 아들'이라고 불렀다.

실라 Silas

예루살렘 초대 교회의 지도자로 로마식 이름은 실루아노이다.
바울의 2차 전도 여행부터 함께했고,
바울과 함께 매를 맞고 감옥에 갇히기도 했다.

'만화'라는 옷을 입은 새로운 번역 성경

이 책의 기획 의도는 "성경의 의미를 훼손하지 않는 범위 안에서 최대한 쉽게 성경의 모든 것을 담자!"입니다.

그에 따라, 신약 편은 헬라어 성경을 기반으로 그 의미를 훼손하지 않고 최대한 쉽게 풀었습니다. 그래서 쉽게 읽히지만 그 어떤 성경보다도 헬라어 성경에 충실하다고 할 수 있습니다.

또한 신약 편에서는 요약하거나 생략한 구절이 거의 없습니다. 그러다 보니 '장'뿐만 아니라 '절'까지 표시해 두었습니다. 이 점은 바로 성경과 직접 비교가 가능하다는 것이고, 이 책이 단순한 만화성경이 아니라 만화의 표현 방식을 빌려 온 새로운 버전의 번역 성경이라는 것입니다.

이 책의 팁, 주석, 대사, 링크, 지도, 그림 등의 요소 역시 독자들의 이해를 돕기 위해 오랜 고민 끝에 나온 것입니다. 또한 성경통독에 필요한 많은 자료도 이 한 권의 책에 모두 담고자 했습니다. 그래서 성경을 읽는 부담은 줄여 주고, 성경을 정확하게 이해하는 데 필요한 시간을 획기적으로 줄여 줄 것입니다.

이제 힘들게, 의무적으로 성경을 읽지 마세요. 《성경2.0》은 성경통독이 더 이상 어렵고, 힘들지 않다는 것을 증명해 줄 것입니다.

❶ '제목'과 '장'과 '절'이 표시되어 있어요.

❷ 사복음서 중에서 서로 관련이 있는 부분은 아래처럼 표시되어 있어요.

❸ 지난 내용이나 연결된 내용은 'Link'를 따라가 보세요.

❹ 간단한 도움말은 '주석'으로 표시됩니다.

❺ 좀 더 깊이 있는 내용은 'tip'을 보세요.

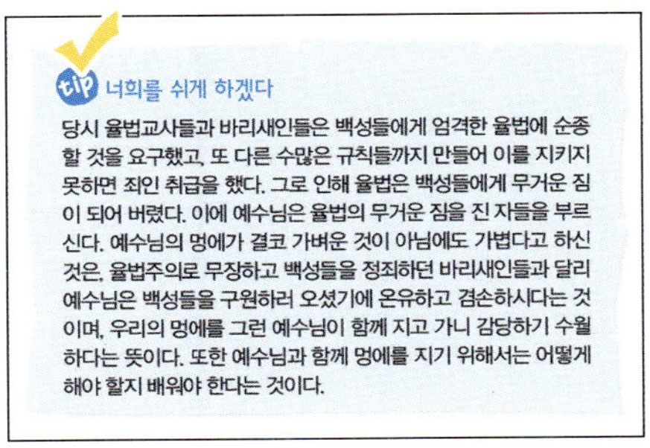

❻ '검은색' 글자는 성경에 있는 내용이고, '갈색' 글자는 해당 성경 구절에는 없는 내용입니다.

❼ 앞서 나왔던 주석이라도 이해를 돕기 위해 반복해서 다시 나옵니다.

사도행전

● 베드로 Peter

시몬, 게바라고도 불리며, 벳새다 출신의 어부로 예수님을 만난 후 12사도가 되었고, 후일 예루살렘 교회의 핵심적인 지도자로 성장한다. 말년에는 로마에서 복음을 전하다가 A.D.64년 로마 대화재 후에 체포되어 A.D.67년경 순교한다. 바울이 이방인을 위한 사도라면 베드로는 유대인을 위한 사도로 볼 수 있다.

사도행전은 예수님이 하늘로 올라가신 후 남아 있던 제자들의 이야기야.
이제 우린 뭘 해야 하나?
예수님이 하시던 일을 우리가 계속해야지.
그들은 예수님이 약속하신 성령을 맞이하고,
교회를 세웠으며,
사람이 더 늘었네.
예배는 몇 시부터 시작해요?
자신이 경험한 예수 그리스도를 목숨 걸고 널리 전했어.
휘 이 이 이 이
Jesus
그래도 끝까지 견디면서 가야 해!
이러다 죽을지 몰라!
사도행전의 핵심 인물은 베드로와 바울이야.
우리 두 명이 주연이야.
와, 사인 좀.
베드로는 초대 교회의 지도자로 유대인을 위한 사도로 불렸고,
[1~12장]까지는 유대와 사마리아에서 복음을 전하는 나의 활약을 다루지.
바울은 로마에까지 복음을 전하면서 이방인을 위한 사도로 불렸어.
[13~28장]까지는 멀리 로마까지 복음을 전하는 나의 활약을 다루고,
우리는 예수님이 떠나신 후, 어떻게 교회가 세워지고 복음이 전해지는지 사도행전을 통해서 확인할 수 있고,
그건 나사렛이라는 작은 마을에서 시작된 복음이 거대한 제국의 수도 로마까지 전해지는 과정이야.
또 하나님이 어떻게 그 모든 것을 이루어 나가시는지도 확인할 수 있어.
사도들의 고난이 시작되지.
빨리 응원하러 가요.

1. 베드로의 사역

-예루살렘, 유대, 사마리아 지역-

1장 성령 강림의 약속

※먼저 쓴 책: 누가복음을 가리킨다.

▶ Link 2권 18p tip '누가복음의 수신자'를 보라.

※성령: 예수님은 처음 오실 때부터 하늘로 올라가실 때까지 성령을 통해 일하셨다.

※40일: 예수님은 부활하신 후 40일 동안 10번에 걸쳐 제자들에게 나타나셨다.

※약속: 수호성령을 보내신다는 약속 Link 요한복음 14:16, 15:26, 16:7

※모였을 때: 사도행전은 누가복음의 마지막 장소에서 시작한다. Link 누가복음 24:48

tip 저희에게 나타나셔서

1	막달라 마리아와 여인들에게	마태 28:9, 마가 16:9, 요한 20:14
2	베드로에게	누가 24:34
3	엠마오로 가는 글로바와 한 제자에게	마가 16:12, 누가 24:14
4	도마를 제외한 10제자들에게	누가 24:36, 요한 20:19
5	도마를 포함한 11제자들에게	요한 20:26
6	갈릴리 바다에서 7제자들에게	요한 21:4
7	갈릴리산에서 11제자들에게	마태 28:16, 마가 16:15
8	갈릴리에서 500여 명의 형제들에게	고린도전서 15:6
9	갈릴리에서 주의 형제 야고보에게	고린도전서 15:7
10	감람산에서 11사도에게	마가 16:19, 누가 24:50, 사도행전 1:8

하늘로 올라가시는 예수님

※말했다: Link 마태복음 24:36 Link 마가복음 13:32

tip 이스라엘 왕국을 다시 세워 주실 때

예수님의 활동 기간에 따라다니던 제자들은 이스라엘 민족의 독립을 통해 세워질 영광된 유다 왕국(하나님 나라)을 기대하고 있었다. 그리고 자신들은 그 영광된 왕국에서 각자 권력을 차지할 것이라는 착각에 빠졌다가, 예수님의 죽음으로 물거품이 되었다. 하지만 부활하신 예수님을 보자 다시 그 기대가 살아난 것이다. 이에 예수님은 그 질문에 직접적인 답은 하지 않으시고, 대신 제자들의 관심을 앞으로 그들이 감당해야 할 사명으로 돌리신다. 그 이유는 예수님을 통해 하나님 나라가 이미 시작되었지만 아직 완성되지 않았기 때문이다.

※착각: Link 마태복음 19:28 Link 마가복음 10:37 Link 누가복음 22:30

※땅끝: 1차적으로 로마를 의미하며, 2차적으로는 모든 민족, 모든 세상을 가리킨다.

새로운 사도, 맛디아

※감람산(Mount of Olives): 예루살렘 동쪽 약 1km에 위치. 메시아가 오시기로 약속된 장소. Link 스가랴 14:4

※거리: 유대인들은 안식일에 갈 수 있는 거리를 약 1km 정도로 제한했다.

※다락방: '마가의 집'의 다락방으로 예수님의 유월절 최후의 만찬 장소로도 사용되었으며, 초대 교회가 시작된 곳이다. Link 마태복음 26:20

※유다(Judas): 12사도 중에 다대오를 가리킨다. Link 누가복음 6:16

※120명: 유대법에 따라 자체적으로 공회를 설치할 수 있는 공동체의 최소 인원이다.
※말씀: Link 시편 69:25, 109:8

14 그들은 여자들과 예수의 어머니 마리아와 예수의 동생들과 함께 한 마음으로 기도에 힘썼습니다.

15 그즈음 그곳에는 약 120명의 제자들이 모였는데 베드로가 일어서서 말했습니다.

※여자들: 막달라 마리아, 알패오의 아내 마리아, 살로메, 요안나, 마르다 등을 가리킨다.
※동생들: 예수님의 친동생들인 야고보, 요셉, 시몬, 유다. Link 마태복음 12:46

17 '그는 우리 중에 한 사람으로 사도의 직분을 맡았던 사람입니다.'

18 '그런데, 그는 불의한 값으로 밭을 샀고, 몸이 거꾸러져 배가 터지고, 창자가 쏟아졌습니다.'

19 '이 일은 모든 예루살렘 사람이 다 알고 있고, 사람들은 그 밭을 '아겔다마'라고 했는데, 그것은 '피의 밭'이라는 뜻입니다.'

※직분: 가룟 유다는 회계 일을 맡고 있었다. Link 요한복음 12:6
※아겔다마(Akeldama): 예루살렘 남쪽 힌놈의 골짜기에 위치한다.

20 '시편에서는 이렇게 예언했습니다.'

21 '그러므로 주 예수께서 우리와 함께 지내시는 동안, 곧 요한의 세례부터 우리가 보는 데서 하늘로 올려 지신 날까지 우리와 함께 다니던 사람 중에 한 사람을 뽑아야 합니다.'

※시편: Link 시편 69:25, 109:8
※거처: 피의 밭을 가리키며, 공동묘지로 사용되어 사는 사람이 없다. Link 마태복음 27:7
※세례부터: 예수님은 요한의 세례를 받으시고 난 후부터 활동을 시작하셨다.

tip 유다와 피의 밭

마태의 기록과 누가의 기록은 차이가 있다. 마태는 대제사장이 피의 밭을 샀다고 했지만 누가는 유다가 밭을 샀다고 한다. 그리고 마태는 '피의 밭'이란 '예수님의 피'를 가리키지만 누가는 '유다의 피'를 가리킨다. 또한 마태는 유다 스스로 목을 매달았다고 했지만 누가는 좀 더 자세하게 묘사한다. 그의 죽음에 대해서는 여러 이야기가 전해지는데, 힌놈의 골짜기 절벽의 나무에 목을 매달았지만 줄이 끊어져서 바위에 떨어졌다고도 한다.

※마태의 기록: Link 마태복음 27:4~7

23 그리하여 그들은 두 사람을 앞에 세웠습니다.

※맛디아(Matthias): '여호와의 선물'이라는 뜻이다.
※바사바(Barsabas): '안식의 아들'이라는 뜻의 히브리식 이름.
※유스도(Justus): '정의'라는 뜻의 로마식 이름.

24

26

2장 성령 강림

1

※한곳: 예수님의 유월절 최후의 만찬 장소로도 사용된 마가의 집의 다락방으로 본다.

tip 오순절 Pentecost

오순절은 유월절 주간의 안식일로부터 50일째 되는 날로 유대인의 3대 절기(유월절, 오순절, 초막절) 중에 하나다. 이날은 첫 밀을 수확해서 제단에 드린 날로부터 추수가 끝나는 49일(7주)의 다음 날이기 때문에 '칠칠절', 또는 처음 수확한 밀로 떡을 만들어 제사를 드렸기 때문에 '맥추절'이라고도 한다. 이날은 곳곳에 흩어져 사는 모든 유대인이 예루살렘으로 와서 성전에서 제사를 드렸다.

2

※각 사람 위에: 이것으로 보혜사 성령을 보내신다는 약속과 Link 요한복음 14:16, 15:26, 16:7 요엘의 예언이 이루어졌다. Link 요엘 2:28

▶ Link 1권 20p tip '디아스포라와 회당'을 보라.

※갈릴리 사람: 유대인은 변방인 갈릴리 지방의 사람을 천하고 못 배운 무식한 사람으로 여겼다.
※큰일: 하나님께서 예수 그리스도를 통해 이루신 구원 사역.

tip 세계 각지

세계 곳곳에 대한 성경의 기록은 다음과 같다. 유대의 동북쪽 앗시리아와 바벨론 지역(바대, 메대, 엘람, 메소포타미아). 시리아와 페니키아와 이집트 변방까지 포함한 넓은 의미의 유대 지역. 소아시아 지역(갑바도기아, 본도, 아시아, 브루기아, 밤빌리아). 유대 남동쪽 지역(이집트, 구레네 근처, 리비아의 여러 지역). 유대 동쪽 지역(아라비아 반도). 그리고 그레데섬과 로마에서 온 유대인과 유대교로 개종한 사람들로 이후 복음이 이들 지역으로 전파될 것을 상징한다.

베드로의 오순절 설교

※말씀: Link 요엘 2:28~32

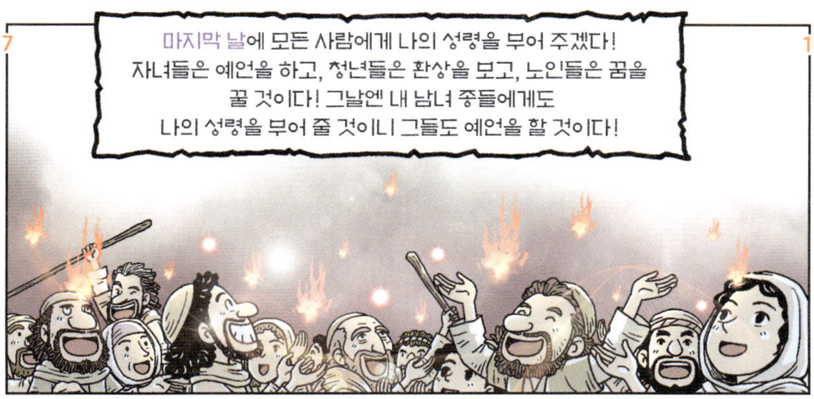

※마지막 날: 유대인의 마지막 날은 메시아가 오시는 때를 말하지만, 여기서는 현재를 포함해서 예수님이 다시 오시는 날까지를 가리킨다.

20

※영광된 날: 예수님이 다시 오시는 때로 심판과 구원이 완성되는 날을 말한다.

21

tip 예언, 환상, 꿈

구약 시대에 이와 같은 것은 유대인 중에서도 특별하게 선택받은 사람에게만 주어지는 하나님의 계시였다. 하지만 오순절의 성령 강림으로 그것은 바뀌게 된다. 신약 시대에는 성령의 은혜로 세상 모든 사람이 하나님의 계시를 받게 되었다. 그것은 누구나 믿음을 통해 성령을 받고 직접 하나님께로 나아갈 수 있다는 의미이다. 성령 강림으로 유대 지역에서 머물던 복음은 이제 온 세상으로 퍼지게 된다.

22

※나사렛(Nazareth): 예수님이 천대받는 갈릴리 지방에서도 외딴 나사렛 출신임을 강조하고 있다.

23

※당신들: 예수님을 죽인 사람들이 아니라 유대인 전체를 가리킨다.

※무법자들: 유대 총독 본디오 빌라도를 비롯한 로마인을 가리킨다.

24

25

※말하길: 위기에 빠진 다윗의 노래로 메시아의 부활에 대한 예언으로 본다. Link 시편 16:8~11
※오른편: 하나님의 권세를 상징하며 하나님의 강력한 보호를 확신한다는 의미다.

※생명의 길: 영원한 생명, 더 나아가서 구원과 부활을 의미한다.

※무덤: 다윗의 무덤은 예루살렘의 실로암 연못 남쪽에 있었다.

※그는 예언자: Link 사무엘하 23:2

※그때: Link 사무엘하 7:11~16

※이 말: [시편 16:10]에 대한 해석이다.

※이렇게: Link 시편 110:1

※주께: 예수 그리스도를 가리킨다.

tip 여호와께서 내 주께

시편 [110:1]의 이 구절은 당시 유대 학자들에게 난해한 구절이었다. 그들은 '내 주'에 대해 다양하게 연구했지만 명쾌한 답을 내리지 못했다. 그 여러 가지 해석 중에서도 '내 주'가 메시아를 가리킨다는 해석은 없었다. 그런 상황에서 예수께서는 이 구절을 자신에게 적용시키면서 메시아에 대한 예언으로 해석하셨다. 그리고 베드로 또한 이 자리에서 그 구절을 들어 '내 주'가 곧 예수 그리스도라고 주장하면서 이 성경 말씀이 이루어졌음을 밝히고 있다.

믿게 된 사람들

▶ Link 1권 115p tip '주께서 내 주께 말씀하셨다'를 보라.

※ 해석: Link 마태복음 22:44

※약속: Link 사도행전 1:4 Link 요엘 2:28~32

※멀리: 이방 지역에 사는 이방인과 유대인을 포함한다.

※떼어 주며: 예수님이 기념하라고 하신 성만찬 의식으로 본다. Link 누가복음 22:19

※모든 사람: 믿지 않는 사람들을 가리킨다.

tip 예루살렘의 초대 교회

저자인 누가는 오순절 성령 강림 이후에 예루살렘 초대 교회가 세워지는 모습과 분위기를 기록했다. 디아스포라 유대인들은 자신들의 고향으로 돌아가고, 남은 예루살렘의 사람들은 성령이 충만해서 늘 함께 모여서 단단한 결속을 이루었다. 그들은 기쁨으로, 자발적으로 필요에 따라 모두를 위해 재산을 내어 놓았다. 이와 같은 것은 초대 예루살렘 교회만의 특징이다. 한편, 초대 교회의 그리스도인들은 모든 사람에게 찬사를 받았다고 했는데 그것은 A.D.110년경 비두니아와 본도의 총독이었던 플리니우스Plinius가 몰래 기독교 공동체를 조사한 후 로마의 트라야누스Traianus 황제에게 보낸 내용에서도 잘 나타난다. 그는 그리스도인들이 일반적인 법적, 윤리적인 것을 넘어서는 사랑과 경건한 삶을 살고 있다고 증언했다. 이것이 하나님 나라의 모습이다.

3장 베드로가 병자를 고치다

※기도 시간: 유대인들은 관습에 따라 하루에 3번(오전 9시, 12시, 오후 3시) 기도를 했다.

※미문(The Beautiful Gate): 어떤 문을 가리키는지 정확지는 않다.

tip 걷지 못하는 자

유대인들은 가난한 자를 돕는 것을 중요하게 여겨, 성전에 갈 때는 하나님께 의로움을 보이고자 적선했다. 그것이 못 걷는 자가 성전 문에서 구걸하는 이유다. 못 걷는 자가 구걸하자 베드로는 자신에게는 은과 금이 없다고 한다. 그것으로 사도들이 예수님 말씀대로 청렴한 삶을 살고 있다는 것과 물질은 공동체에서 관리하고 있음을 알 수 있다. 이어서 베드로는 예수 그리스도의 이름과 능력으로 그 일을 한다는 것을 분명히 밝힌다. 한편, 이 사건이 가난한 자를 물질적으로 돕는 것보다 영적인 구원에 초점을 맞추는 것은 아니다. 예수님은 늘 가난한 자를 도와야 한다고 말씀하셨다.

※말씀대로: Link 마태복음 10:9

※도와야: Link 마태복음 6:3, 6:19, 19:21 Link 누가복음 11:41, 14:13, 16:9

베드로의 솔로몬의 행각 설교

※솔로몬 행각(Solomon's Colonnade): 성전 동편, 벽이 없이 지붕과 기둥으로 된 복도.

13

※종: 이사야가 예언했던 고난받는 종을 가리킨다. Link 이사야 42:1~9; 49:1~13; 53:1~12
※영광: 죽은 지 3일 만에 부활하시고 하늘로 올라가 하나님 오른편에 앉은 사실.
※빌라도: '본디오 빌라도'(Pontius Pilate) 제5대 유대 총독(A.D. 26~36년)으로 예수님을 십자가에 못 박도록 유대인들에게 넘겨줬다.

14
15

※요구: Link 마태복음 27:16

16

tip 베드로의 두 번째 설교

평생 걷지 못했던 자가 낫자 사람들은 베드로에게 몰려왔다. 이 같은 기적은 사람들이 복음에 집중하게 하는 데 있다. 베드로는 사람들에게 '우리의 조상 아브라함과 이삭과 야곱의 하나님'이라고 한다. 이것은 유대인들에게 모두 하나님의 백성임을 상기시키고 자신들이 구약 성경과 다른 종교를 말하는 것이 아니라는 것이다. 또한 우리 조상의 하나님, 선하고 공의로우신 하나님이 예수 그리스도를 다시 살리셨다는 것은 첫째 유대인들은 하나님의 뜻과 어긋난 불의를 저질렀으며, 둘째 예수님은 하나님의 아들이시고 죄와 죽음을 이기신 생명의 근원이시며, 셋째 하나님께서 예수님을 높이시고 영광되게 하셨다는 것이다. 이 모든 것은 그분이 곧 메시아임을 증명하는 것이다.

17
18

※모르고: Link 누가복음 23:34
※고난: 구약 성경에는 고난당하는 메시아에 대한 직접적인 내용은 없다.
※때: 예수님께서 다시 오시는 재림의 때를 말한다.

※예언자들: 야곱, 이삭, 아브라함, 모세를 비롯한 구약의 모든 예언자를 가리킨다.
※회복: 죄악에 가득 찬 세상은 예수 그리스도를 통해 회복되기 시작했고 재림 때 완성된다.
※말하기를: Link 신명기 18:15, 18, 19

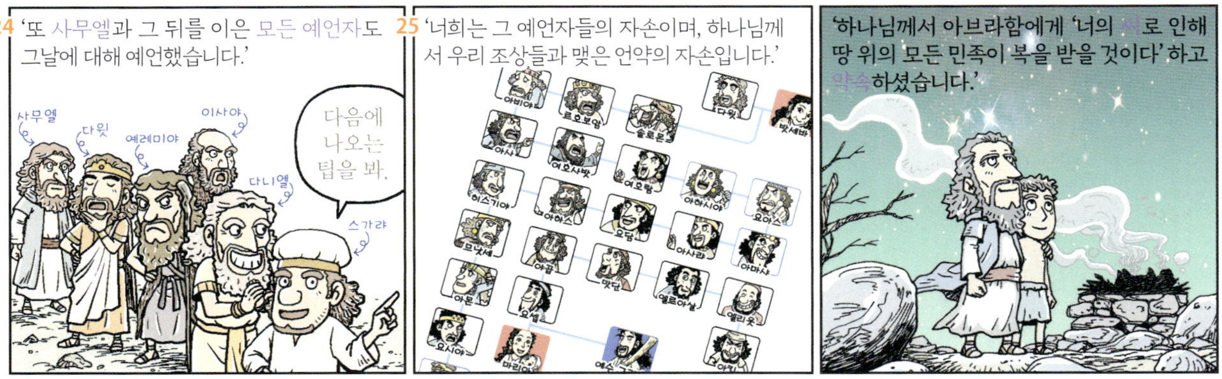

※사무엘(Samuel): 사무엘은 직접적으로 예수님에 대한 예언을 하지 않았다.
※모든 예언자: 다윗에서부터 말라기까지의 모든 예언자를 가리킨다.
※씨: 여럿이 아니라 하나다. 즉, 예수 그리스도를 가리킨다.
※약속: Link 창세기 12: 3, 18:18, 22:18, 26:4

tip 우리 조상의 하나님

유대인들의 잘못을 지적하던 베드로는 '형제들은 모르고 그랬다.'라는 말로 사람들을 위로한다. 그리고 우리의 조상과 많은 예언자들이 예수 그리스도를 증거하고 있다는 사실을 언급하면서 하나님께서 약속하신 바로 그 예수 그리스도께 돌아와 회개하고 용서받아야 한다고 말하고 있다. 한편, 구약 성경에는 고난당하는 메시아에 대한 직접적인 내용은 없다. 다만 고난당하는 하나님의 종과 메시아의 고난으로 해석하는 부분이 있다.

※해석하는 부분: Link 이사야 53장 Link 시편 22편, 69편
※ Link 예레미야 11:19 Link 다니엘 9:26 Link 스가랴 13:7

4장 베드로와 요한이 공회에 서다

※경비대장: 당시 성전의 경비는 사두개파의 레위인들이 맡고 있었다.

※저물어서: 산헤드린 법정은 안식일과 절기 때와 해가 진 후에는 열리지 않았다.

※남자만: 여자와 어린아이를 제외한 성인 남자만 가리킨다.

※5000명: [2:41]의 3000명을 포함해서 예루살렘에서 믿게 된 사람들을 가리킨다.

※안나스(Annas): 전직 대제사장(6년~15년)이지만 여전히 영향력이 컸다.

※가야바(Caiaphas): 안나스의 사위이자 현직 대제사장(18~36년)이다.

※요한(John), 알렉산더(Alexander): 누군지 알 수 없지만 요한은 안나스의 아들로 추정한다.

※건축가들: 대제사장과 장로들을 비롯한 예수님을 믿지 않는 유대인들.

※[시편 118:22]의 이 말씀은 예수님께서도 인용하셨다. Link 마태복음 21:42

▶ Link 1권 111p tip '버린 돌과 머릿돌'을 보라.

※배우지 않은: 율법에 대한 전문적인 교육을 받지 못했다는 뜻이다.

※거침없이: 예수님께서는 원수들에게 맞설 수 있는 능력을 주신다고 했다. Link 누가복음 21:15

▶ Link 1권 29p tip '산헤드린 공회'를 보라.

※보고 들은 것: 예수님께서 죽은 지 3일 만에 부활하신 사건을 가리킨다.

tip 복음에 적대적인 자들

누가는 복음을 위협하는 세력이 누구인지 밝힌다. 그들은 예수님을 십자가에 못 박는 데 앞장섰던 사두개파로 제사장과 레위인으로 로마와 협력하면서 성전을 중심으로 정치적, 경제적 권력을 장악했으며, 오실 메시아와 부활을 믿지 않았다. 그런 그들에게 자신들이 죽인 예수님의 부활을 말하는 제자들은 큰 위협이었다. 그들은 사도들을 없애려고 한 뜻을 이루지 못한다. 그것은 기적의 증거인 걷게 된 사람이 있었고, 모든 백성이 그 일을 알았기 때문이었다. 그들은 하나님보다 백성을 두려워했고, 하나님보다 자신들의 재물을 사랑했다. 하지만 사도들은 앞선 기적으로 예수님이 함께하신다는 사실과 자신들이 하나님 앞에 서 있다는 것도 알고 있었기에 목숨이 위험한 상황에서도 두려움이 없었다.

※함께하신다: Link 마태복음 28:20

함께 모여 기도하다

※다 같이: 예수님은 함께 구하면 무엇이든 들어주고 그 모인 곳에 함께 하신다고 했다. Link 마태복음 18:19

※말씀: Link 시편 2:1~2 ※백성들: 이스라엘 백성들.
※헛된 일: 메시아를 막으려는 시도.

※헤롯(Herod): B.C.4~39년까지 갈릴리와 베레아 지역을 다스린 분봉 왕. 헤롯 대왕의 아들인 헤롯 안티파스를 말한다.
※이방인: 로마인들을 가리킨다.

※흔들리고: 구약에서는 지진과 같은 흔들림을 하나님의 응답으로 봤다. Link 이사야 6:4

※하셨죠: Link 신명기 15:4

※구브로(Cyprus): 시리아 서쪽 약 100km 지점에 있는 지중해의 섬이다.

tip 레위 사람

저자인 누가는 특별히 레위 사람인 요셉을 언급했다. 레위인은 제사장 가문의 사람들로 사두개파였다. 그들은 예수님을 죽이는 데 앞장섰고, 얼마 전, 베드로와 요한을 법정에 세우고 위협했던 무리였다. 그런데 그 중에서 자기 재산을 팔아 공동체에 내놓은 믿음이 큰 사람이 있었다. 그는 복음을 믿은 첫 레위인이다. 복음이 모든 유대인에게 전해지면서 유대인들의 단단했던 편견의 벽이 허물어지고 있음을 보여 주는 예다.

5장 아나니아와 삽비라

※사탄(Satan): 베드로는 막 자리를 잡아가는 초대 교회에 사탄의 개입이 있었다고 봤다.

※교회(Church): 그리스어 에클레시아(ecclesia)에서 유래. '밖으로 불러 모으다'라는 뜻으로 부름받은 자들의 모임을 가리키며 신약 성경에서는 이곳에서 처음 사용되었다.

tip 거짓된 자들의 죽음

일부를 감추긴 했지만, 자신의 재산을 팔아 바쳤던 부부가 죽었다. 원래 자신의 것을 조금 떼어 놓았다고 해서 죽이다니 심한 것이 아닌가? 베드로는 [4절]에서 '그 땅은 당신 마음대로 할 수 있다'라고 했다. 부부가 재산의 일부만 내든, 전부 다 내든 그것이 문제가 아니라는 말이다. 또 베드로는 [3절]에서 '감추었다'라고 했다. 그냥 바치지 않은 것이 아니라 의도적으로 숨겼다는 것이다. 부부의 죄는 하나님을 속인 것이다. 구약의 아간도 하나님을 속여 죽임 당한 예가 있다. 그처럼 초대 교회도 부부의 죽음으로 위선과 거짓의 뿌리를 뽑고 바로 서게 된다.

※구약: Link 여호수아 7장

사도들이 기적을 일으키다

※남녀: 백성들 중에서 여자들까지 합류하기 시작했다는 것을 말하고 있다.

※주변 마을: 복음이 예루살렘을 넘어서까지 전해지고 있다는 것을 말하고 있다.

tip 사람들의 4가지 반응

아나니아와 삽비라가 죽은 후 사람들의 반응은 4가지로 나뉜다. 첫째, 예루살렘 교회에 있던 제자들은 더욱 열심히 모이고 복음의 가르침에 귀를 기울였다. 둘째, 예루살렘 교회의 사람들을 거부하고, 경계하는 사람들이 있었다. 그들에게 부부의 죽음은 큰 두려움을 주었다. 셋째, 예루살렘 교회와 적당히 거리를 두고 관망하는 사람들이 있었다. 그들은 제자들의 경건한 모습을 긍정적으로 평가했다. 넷째, 제자들을 통해 일어난 기적과 복음에 관심을 가지고 교회에 합류하는 사람들이 있었다. 그리고 많은 사람이 병 고침을 받았는데, 그들은 모두 예수 그리스도를 믿고 나아온 사람들이다.

고난받는 사도들

※나무: 십자가를 가리키며, 구약의 예언이 이루어짐과 동시에 예수님이 메시아라는 표현이다. Link 신명기 21:22

※씌우려는: 사두개인들이 예수님의 죽음에 대한 책임을 두려워하고 있다는 것을 보여 준다.

※전에: Link 사도행전 4:19

※성령: 수호성령이 오시면 예수님에 대해 증언하신다고 했다. Link 요한복음 15:26

※가말리엘(Gamaliel): 사도 바울의 스승이며, 당대 최고의 율법학자였다.

tip 유다 Judas와 드다 Theudas

B.C.6~4년경 구레뇨Quirinius가 시리아 총독으로 있을 때 인구 조사가 있었다. 그때 예수님의 부모인 요셉과 마리아가 베들레헴으로 갔다고 기록되어 있으며, 갈릴리에서는 유다가 인구 조사를 거부하면서 반란을 일으켰다. 그리고 유대 역사가 요세프스에 따르면 A.D.45~46년경 파두스Fadus가 유대 총독으로 있을 때 드다가 스스로 메시아를 자처하면서 반란을 일으켰다. 그런데 가말리엘이 이 말을 하던 때는 A.D.37년 이전으로 본다. 또 가말리엘은 드다를 먼저 말하고 그 뒤라고 하면서 유다를 말했다. 즉, 여기서는 순서가 뒤죽박죽이며, 여러 가지 의견이 있다. 가말리엘이 순서를 잘못 말했거나, 저자인 누가가 실수했거나, 요세프스가 실수했거나, 요세프스가 말한 드다가 다른 사람이라는 것 등이다.

※인구 조사: Link 누가복음 2:1

※이름을 위해: Link 마태복음 5:11~12 Link 마가복음 13:9

tip 고난받는 사도들

앞서 [4장]에서도 사도들은 감옥에 갇혔지만 풀려났다. 사두개인들의 위협에도 불구하고 예루살렘 초대 교회는 점점 더 성장했고, 복음은 예루살렘을 넘어서까지 퍼졌다. 이에 사두개인들의 시기심과 두려움은 커져만 갔다. 그들은 백성들이 사도들을 따르는 것을 시기했으며, 백성들이 복음을 듣고 예수님의 죽음에 대한 책임을 물을까 봐 두려워했다. 또 감옥에 갇혔다가 벗어난 사도들을 잡아 올 때도 백성들이 두려워서 강제로 데려오지 못했다. 가말리엘의 말을 따른 것도 그가 백성들에게 존경받는 랍비였기 때문이었다. 그들은 늘 하나님보다 사람을 두려워했고, 사람의 욕심을 앞세웠다.

6장 일곱 집사를 택하다

※일곱: 유대인들은 '7'을 완전한 숫자로 여겨서 임의로 수를 정할 때 '7'을 선택할 때가 많았다.

※안디옥(Antioch): 갈릴리 북쪽 시리아의 안디옥으로 인구 50만 명의 대도시였다.

tip 복음을 따르는 제사장들

예수님을 죽이는 데 앞장섰던 사두개파 중에서 제사장들까지 복음을 따르게 되었다. 이는 유대인들에게 상당히 충격적인 사건이었다. 당시 유대인 중에 레위인은 18,000명 정도였고, 그중에 8,000명 정도가 제사장이었다. 그들은 3대 절기 기간에는 제사장의 직무를 수행했지만 그 외 연간 10~11개월은 하는 일이 없었고 정해진 수입도 없었다. 그들은 생계 유지를 위해 다른 직업을 따로 가지는 사람도 많았다. 게다가 대제사장들과의 신분 격차도 컸으며, 대제사장들은 제사장들의 소득 중에 10%를 떼어감으로써 그들의 궁핍함을 더했다. 이처럼 자신들의 어려움과 유대교의 부조리에 시달리던 제사장들은 경건한 초대 교회와 생명이 있는 복음에 시선을 돌리게 되었다.

스데반과 유대인의 논쟁

※보여 줬다: 구체적인 것은 알 수 없지만 사도들이 베푼 것과 같은 기적으로 보인다.

※리버디노(Libertines): 자유인을 뜻하는 라틴어에서 유래, B.C. 63년경 폼페이우스에 의해 로마에 끌려갔다가 돌아온 유대인들의 후손을 가리키며, 이 회당은 구레네, 알렉산드리아, 길리기아, 아시아에서 온 유대인들이 모였다.

※성전을 헐고: Link 마가복음 13:2 Link 요한복음 2:19
※율법을 뜯어: Link 마태복음 5:17

tip 리버디노 회당의 사건

예루살렘에는 외국에서 살다가 돌아온 디아스포라 유대인들의 언어 차이로 인해 그들만의 회당이 따로 존재했는데 그곳이 리버디노 회당이다. 스데반은 복음을 받아들이지 않는 그들과 복음에 대한 논쟁을 벌인 것으로 보인다. 그들은 성령으로 말하는 스데반을 이길 수 없자 결국 모함하고 무력을 동원한다. 또한 거짓 증언을 하면서 스데반이 '거룩한 성전'을 위협하고 있다는 것을 강조한다. 예루살렘에서 성전은 가장 중요한 문제였다. 성전으로 인하여 세계 각처에서 수많은 유대인이 찾아와서 막대한 헌금과 많은 비용을 소비하고 돌아갔기 때문이다. 성전은 예루살렘의 가장 중요한 수입원이었기 때문에 성전에 대한 위협은 성전을 기반으로 부귀영화를 누리던 사두개인들뿐만 아니라 많은 예루살렘 유대인의 적대감을 끌어내기 좋은 소재였다.

7장 스데반의 설교

※그대로: 예수님과 스데반은 똑같이 하나님을 모독한 죄로 고발당했다.

Link 마가복음 14:64

아브라함

※메소포타미아(Mesopotamia): 갈대아 우르(Ur of the Chaldeans)

※나타나: 창세기에는 하란의 기록만 있다. Link 창세기 12:1

※이곳: Link 출애굽기 3:12 에서는 시내산을 가리키지만, 여기서는 약속의 땅, 또는 예루살렘을 가리킨다.

※언약: 할례는 하나님께서 아브라함 자손의 번성을 약속한 증거다. Link 창세기 17:10

tip 스데반의 설교1

예수님이 떠나신 후 복음의 핵심은 예수 그리스도의 부활이다. 그런데 저자인 누가는 그에 대해서 전혀 언급하지 않는 스데반의 설교에 많은 지면을 할애했다. 스데반은 하나님이 갈대아, 하란, 가나안, 어디서든 함께 하셨기 때문에 땅이 아니라 하나님께서 아브라함에게 하신 약속이 중요하다고 말한다. 더불어 하나님이 예루살렘 성전에 계신다는 유대인들의 믿음도 잘못되었음을 지적한다. 또 하나님이 약속의 증거로 주신 할례를 받은 것이 중요한 것이 아니라 약속된 자손답게 사는 것이 중요하다고 말하고 있다.

요셉

※75명: [창세기 46:27]에는 70명이지만 70인역(LXX) 성경에는 75명으로 기록되어 있다.

※세겜(Shechem): 요셉의 유해는 세겜에 묻혔다. Link 여호수아 24:32

※야곱(Jacob): 야곱은 죽은 뒤 헤브론의 막벨라 동굴에 묻혔다. Link 창세기 50:13

tip 스데반의 설교2

우리 조상이 요셉을 시기하여 이방인에게 팔았지만 하나님은 그를 높이셨다. 예수님도 유대인들이 그를 시기하여 이방인에게 팔았지만 하나님은 그를 높이셨다. 스데반은 오래 전 우리 조상들이 저지른 잘못을 지금도 반복하고 있다는 것을 지적한다. 또한 고난에 처했던 요셉은 하나님의 은혜로 큰 영광을 얻었지만, 요셉을 판 우리 조상은 큰 고난에 처하게 되었다. 스데반은 예수님의 큰 영광을 말하고, 예수님을 판 유대인들이 처할 고난을 경고하고 있다.

모세

※능숙: 모세는 스스로 말재주가 없다고 했다. Link 출애굽기 4:10

※하나님께서: Link 신명기 18:15

※교회: 광야에서 율법을 받기 위해 사람들이 모였다는 의미다. 모세와 같은 예언자인 예수님으로 인해 모인 교회를 연상시키려는 의도다.

※생명의 말씀: 자신과 교회는 율법을 따르고 있다는 것을 강조하고 있다.
Link 신명기 32:47

tip 스데반의 설교3

유대인들은 하나님의 약속대로 400년 동안 이집트에서 살았다. 하나님이 계획하신 모세가 났지만, 백성들은 그를 거부했고, 살인자가 되어 광야로 달아났다. 40년 후, 이스라엘 백성에게 버림받은 모세를 하나님께서 구원자로 삼아 높이셨다. 이것은 예수님도 말씀하셨던 '건축가가 버린 돌이 모퉁이의 머릿돌이 되었다'라는 구절이 연상된다. 스데반은 하나님께서 구원자로 높인 모세가 이스라엘 백성이 버린 사람이라는 것을 강조한다. 그는 이스라엘 백성에게 버림받았지만 하나님의 명령을 받아 많은 놀라운 일과 기적을 나타냈다. 그 모든 것은 유대인들에게 예수님을 떠올리게 했을 것이다. 즉, 스데반은 하나님이 말씀하신 모세와 같은 예언자가 유대인들이 버린 예수님이라고 말하고 있다.

※말씀: Link 마태복음 21:42 Link 시편 118:22

이스라엘의 우상 숭배

※우리 조상: 스데반은 설교에서 '우리 조상'을 계속 강조하고 있다.
※돌아가려고: Link 민수기 14:3

※몰렉(Molech): 황소머리에 사람의 몸으로 두 팔을 벌린 형상인 암몬의 우상이다.
※레판(Rephan): 메소포타미아 지역에서 섬기던 토성신이다.

※예언자들: 구약 시대의 모세와 아모스를 가리킨다. ※기록: Link 아모스 5:25 Link 신명기 32:17

tip 스데반의 설교4

스데반은 [38절]에서 하나님께서 주신 생명의 말씀을 잊고, 모세에게 불순종하며, 우상을 섬기면서 하나님을 거역한 우리 조상을 강조하고 있다. 그 조상은 하나님께서 항상 광야에서 이끌어 주셨음에도 불구하고 그분을 버리고 자신을 이끌어 줄 우상을 만들어 하나님을 거역했다.

그 조상처럼 지금 유대인들도 하나님이 보내신 모세와 같은 예언자인 예수님을 거역하고 있다는 것이다. 그 조상은 금송아지와 별들을 섬겼지만 지금 유대인들은 헛된 성전과 성전을 통해서 벌어들이는 재물을 섬기고 있다. 스데반은 그 악한 이들에게 하나님의 심판이 있을 것이라고 경고하고 있다.

성전

※증거의 성막: 십계명을 새긴 돌판을 보관했기 때문에 그렇게 불렀다. Link 신명기 9:15

※거처: 다윗이 지으려고 했던 성전을 가리킨다. Link 사무엘하 7:5

※예언자: 구약의 이사야를 가리킨다. ※말한 것: Link 이사야 66:1~2

tip 스데반의 설교5

스데반의 설교는 유대인들이 가장 중요하게 여기는 예루살렘 성전으로 향한다. 광야의 모세로부터 시작된 성막은 늘 우리 조상과 함께했고, 솔로몬의 성전으로 지어져 지금의 예루살렘 성전으로 이어졌다. 성전은 하나님이 그 이름을 두시겠다고 했던 하나님의 집이다. 하지만 하나님은 사람의 손으로 지은 성전에 계시지 않는다. 여기서 유대인들은 스데반의 설교를 이해하지 못했거나 이해했더라도 받아들이지 않았을 것이다. 스데반은 외침은, 하나님은 약속하신 모세와 같은 예언자 곧 예수 그리스도를 보내셨고, 그로 인해 건축물인 성전이 아니라 영적인 성전이 세워졌다. 예수님은 하늘과 땅을 연결하는 영적인 성전이시기 때문에 '성전을 허물면 3일 만에 세우겠다'라고 하신 것이다. 그래서 이제 하나님은 성전이 아니라, 예수 그리스도를 받아들이는 사람과 함께하신다는 것이다.

※하나님의 집: Link 역대하 7:16, 33:7 ※하신 것: Link 요한복음 2:19

※곧고: 고집이 세다는 뜻. ※받지 못한: 하나님의 약속의 증거가 마음속에 없으므로 영적으로 하나님의 백성이 아니라는 뜻이다.

※의인: 예수 그리스도를 가리키며, 유대인들이 죄가 없는 분을 죽였다는 것이다.

tip 스데반의 설교6

스데반은 지금까지의 듣고도 깨닫지 못하는 사람들을 직접 겨냥한다. '목이 곧고, 마음과 귀에 할례를 받지 못한'은 구약에서 하나님을 거역한 자들에게 사용된 표현이다. 스데반은 그들도 그들의 악한 조상과 다름없이 하나님을 거역하고 있다고 말한다. 그들의 조상은 예언자를 죽였고, 그들은 하나님이 약속한 모세와 같은 예언자를 죽였다. 그들의 조상도 하나님이 주신 율법을 지키지 않았고, 그들도 지키지 않았다. 스데반은 유대인들의 자부심을 산산이 부수고 있다. 한편, 율법이 천사를 통해 전해졌다는 것은 구약에는 없는 개념이지만 신약에서 등장하고, 스데반의 설교에서도 자주 등장한다. 모세가 하나님께 직접 율법을 받았다고 믿었던 유대인들은 수긍하기 어려웠을 것이다.

※표현: Link 출애굽기 33:5 Link 레위기 26:41 Link 신명기 9:13, 10:16 Link 예레미야 4:4, 9:26
※등장: Link 갈라디아서 3:19 Link 히브리서 2:2

스데반의 순교

※돌로 치다: 로마법에 따르면 산헤드린 공회는 사형에 대한 권한이 없다.

※사울(Saul): 그리스도인의 탄압에 앞장섰던 바리새인으로 후일 바울이라고 불리게 된다.

tip 최초의 순교자

스데반의 설교와 죽음은 예수님을 연상시킨다. 그는 예수님처럼 하나님을 모독한 죄로 산헤드린 법정에 섰으며 예수님처럼 복음을 전하는 데 두려움이 없었다. 그의 마지막 기도는 예수님의 마지막 기도를 떠올리게 한다. 그리고 그는 예수님처럼 불법 재판으로 죽임을 당한다. 한편, 스데반의 죽음으로 예루살렘 교회와 그리스도인들에 대한 탄압이 시작되고, 그리스도인들은 유대 땅을 벗어나 이방 지역 곳곳으로 흩어지게 된다. 그리고 그것은 역설적이게도 복음이 이방 지역에 퍼지는 결과를 만들어 낸다.

※마지막 기도: Link 누가복음 23:34, 46

8장 예루살렘 교회의 수난

※사마리아(Samaria): 예전 북이스라엘의 수도의 이름이었으나 당시엔 유대 지역을 의미했다.

※말씀: 예수님은 제자들에게 '땅끝까지 가서 내 증인이 돼라'라고 하셨다. Link 사도행전 1:8

※빌립(Philip): 사도 빌립이 아니라 일곱 집사 중에 하나인 빌립이다.

※기쁨: 복음은 그리스어로 '기쁨, 좋은 소식'을 뜻하는 유앙겔리온(Euaggelion)에서 유래했다.
▶ Link 1권 31p tip '복음'을 보라.

※사마리아(Samaria): 유대인들은 사마리아 사람을 경멸했으며, 사람들을 속이는 마술사로 생각하기도 했다.

▶ Link 2권 62p tip '사마리아인들의 배척'을 보라.

※머리에 손을: 이 행위가 성령을 받기 위한 필수 조건은 아니다. 다른 형태로 성령을 받은 경우도 있다.

Link 사도행전 2:4, 10:44

tip 마술사 시몬

시몬은 세례를 받아서 형식상으로는 그리스도인이 되었지만, 영적으로는 전혀 예수 그리스도를 받아들이지 못했다. 시몬은 악한 생각을 품고 있었기 때문에 성령을 돈으로 사려고 했다. 베드로는 [22절]에서 그것을 확인시켜 준다. 이에 베드로는 [20, 21절]에서 시몬을 저주하고 단호하게 조치한다. 하지만 그것은 시몬을 징벌하려는 의도가 아니라 불의한 마음을 가진 자는 누구든 용납하지 않겠다는 경고와 시몬의 회개를 촉구하려는 의도라는 것을 [22절]로 알 수 있다. 한편, [24절]의 시몬의 말로는 그가 회개했는지 정확히 알 수 없다. 다만 많은 학자들은 시몬이 스스로 회개하기보다 베드로에게 기도를 부탁했다는 것을 들어 그가 단지 저주를 두려워했을 뿐이라고 본다.

빌립과 에티오피아 내시

※가사(Gaza): 구약에서 블레셋의 대표적인 도시로 예루살렘 서남쪽 약 70km에 위치했다.

※에티오피아(Ethiopia): 이집트 남쪽 나일 강 유역에서 번성했던 누비아 왕국을 가리킨다.
※간다게(Candace): 로마의 '가이사', 이집트의 '파라오'처럼 여왕을 가리키는 칭호였다.

※읽고: 유대인들은 성경을 큰 소리로 읽었고, 에티오피아 사람도 이를 따라 한 것이다.

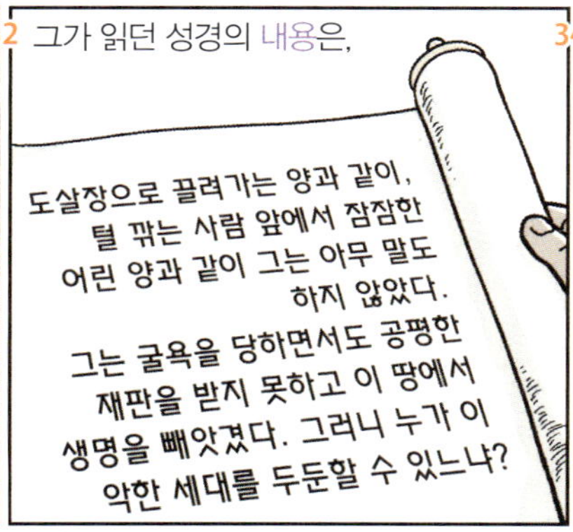

※내용: 메시아의 수난에 대한 예언이다.
Link 이사야 53:7~8

※자기: 이사야는 유다 14대 왕 므낫세에게 죽임을 당했다고 전해진다.

※가이사랴(Caesarea): 로마 황제 'Caesar(가이사)'의 이름을 딴 로마식 신도시. 팔레스틴 지역의 중심 도시로 로마 총독부가 있었다.

tip 이방 선교의 시작

사마리아 선교에서 큰 성과를 얻은 빌립을 통해 이방 선교가 시작되었다. 이방인인 에티오피아 사람은 예루살렘의 예배를 위해 상당히 먼 거리를 왔다. 그는 구약 말씀을 늘 가까이 두었으며, 말씀을 알고자 하는 갈증이 있었고, 낯선 사람에게도 겸손했으며, 깊이 유대교를 믿는 사람이었다. 그에 대해서 더 이상 알려진 것은 없지만 그는 빌립에게 세례를 받고, 에티오피아로 돌아간 후 복음의 기초가 되었음을 짐작할 수 있다. 한편, 빌립은 그 뒤로 아소도와 가이사랴로 가게 된다. 이것으로 빌립의 선교가 지중해 해안을 따라 이루어졌다는 걸 알 수 있는데, 후일 베드로가 룻다와 욥바를 방문했을 때 그곳에는 이미 그리스도인이 있었다.

※후일: Link 사도행전 9:32, 36

9장 그리스도께서 사울을 부르시다

※대제사장: 현직 대제사장은 산헤드린 공회의 의장으로 사법권과 행정권을 가지고 있었다.
※다마스쿠스(Damascus): 갈릴리 동북쪽에 위치한 시리아의 고대 도시로 많은 유대인이 살고 있었다.

※아나니아(Ananias): '여호와는 은혜로우시다'라는 뜻으로 당시 유대인들에게 흔한 이름이었다.

※3일: 요나가 3일 동안 물고기 배 속에 있다가 나왔고, Link 요나 1:17 예수님이 죽음 후 3일 만에 부활하신 것처럼 큰 변화를 예고하고 있다.

※다소(Tarsus): 소아시아 남부 길리기아의 수도로 사울의 고향이다.

※보여 줄: 환상으로 보여 주신다는 것이 아니라 실제로 고난을 겪으면서 알게 될 것이라는 뜻이다.

※사람들: 그리스도인이 아닌 유대교를 믿는 유대인을 가리킨다.

※여러 날: 상당히 긴 시간이 지났다는 것을 의미한다.

※그의 제자들: 다마스쿠스에서 사울의 설교를 듣고 그리스도인이 된 사람들을 가리킨다.

tip 사울의 행적

사울은 이후 다마스쿠스에서 아라비아로 갔다가, 다시 다마스쿠스로 돌아왔다가 예루살렘에 올라갔다고 밝힌다. 하지만 그가 아라비아로 간 시점이 [23절] 전인지 [25절] 후인지 알 수 없다. 다만 그는 예수님을 만난 지 3년 만에 예루살렘으로 돌아가게 된다.

※밝힌다: Link 갈라디아서 1:17~18

※바나바(Barnabas): 구브로에서 태어난 레위 사람으로 본명은 요셉이다. Link 사도행전 4:36

※사도들: 사울은 12사도 중에는 베드로, 예수님의 친동생 야고보만 만났다. Link 갈라디아서 1:18, 19 나머지 사도는 교회를 이끌었던 다른 사람들이다.

예루살렘으로 간 사울

※유대인들: 스데반 집사를 죽이는 데 앞장섰던 리버디노 회당의 유대인들.

※다소(Tarsus): 소아시아 남부 길리기아의 수도로 사울의 고향이다.

※안정적: A.D.41년 로마의 3대 황제 칼리굴라(Caligula)가 암살되어 상대적으로 그리스도인에 대한 박해가 줄었다.

베드로가 애니아를 고치다

※욥바(Joppa): 현재 이스라엘의 수도 텔아비브의 야파(Jaffa)다.
※다비다(Tabitha): 그리스어로 도르가(사슴)이다.

※사론(Sharon): 지중해 연안 욥바에서 갈멜산까지 이르는 넓은 평원을 가리키며, 여기서는 룻다와 욥바 주변 사론 평야에 사는 사람들을 가리킨다.

※시몬(Simon): 유대인들은 죽은 짐승의 가죽을 만지는 일을 천시했지만 베드로는 예수님의 가르침을 따라 시몬의 집에 묵었다.

tip 베드로의 치유 사역

베드로가 룻다와 욥바에 갔을 때 이미 그리스도인들이 있었지만, 그들이 어떤 경로로 그리스도인이 되었는지는 분명하지 않다. 다만 오순절 성령 강림 때 그리스도를 믿게 된 사람들의 영향이거나 일곱 집사 중의 하나인 빌립이 에티오피아 사람을 만난 후 아소도와 여러 성을 지나 가이사랴로 갔다고 했으니 그때 빌립의 선교에 의한 결과로 짐작할 뿐이다. 여기에서 베드로의 이방인 치유 사역이 기록된 것은 예수님의 사역을 사도들이 재현하고 있다는 것과 이방 선교의 정당성을 보여 주기 위함이다. 한편, 선교하는 데 있어서 치유 기적이 사람들에게 상당히 큰 영향을 끼치고 있다는 것이 자주 언급된다. 치유 기적은 예수님의 사역뿐만 아니라 초대 교회의 확장에서도 아주 중요한 역할을 했던 것으로 보인다.

※오순절: Link 사도행전 2:41　※그때: Link 사도행전 8:40

10장 고넬료의 환상

※고넬료(Cornelius): 당시엔 흔했던 이름으로 유대교를 믿는 이방인이다.
※로마 군대: 가이사랴는 팔레스틴 지역의 중심 도시로 로마 총독부와 로마 군대가 있었다.
※3시: 유대인들은 관습에 따라 하루에 3번(오전 9시, 12시, 오후 3시) 기도했다.

※시몬(Simon): 히브리어로 시몬인데 예수님이 아람어로 '게바(Cephas)'라는 이름을 주셨고 헬라어로는 '베드로(Peter)'다.

※욥바(Joppa): 가이사랴에서 욥바까지의 거리는 약 50km였다.

tip 이방인 고넬료

저자인 누가는 고넬료의 경건함과 의로움을 강조하고 있다. 그는 유대교를 믿으며 회당에도 참석했지만 할례는 받지 않았다. 그는 날마다 기도 시간을 철저히 지켰으며, 유대인들을 돕는 데 앞장섰고, 이미 하나님으로부터 인정받은 사람이다. 이를 통해 누가는 이방인인 고넬료가 어떻게 하나님의 직접적인 개입으로 그리스도인이 되는지 그 과정을 보여 주고, 더불어 앞으로 이방인 선교에 대한 정당성을 제시하려고 한다.

※받지 않았다: Link 사도행전 11:3

10 그는 배가 고파서 무엇을 좀 먹을까 했고, 사람들은 점심을 준비했습니다.
그때 베드로는 황홀경에 빠지기 시작했습니다.
11 하늘이 열리고, 큰 보자기 같은 그릇의 네 귀퉁이가 끈에 매달려 땅으로 내려왔는데, 그 안에는 땅 위의 온갖 네발짐승과 기어다니는 것과 공중의 새가 들어 있었습니다.
베드로야, 일어나서 잡아먹어라!
주여, 그럴 수 없습니다! 저는 부정하거나 더러운 것을 먹은 적이 없습니다!
15 그랬더니 두 번째 목소리가 다시 들려왔습니다.
하나님께서 깨끗하게 하신 것을 부정하다고 하지 말라!
16 이런 일이 3번 있은 뒤, 그릇은 하늘로 들려 올라갔습니다.
17 으음, 이 환상이 무슨 뜻일까?
※3번: 이는 완전하고 확실한 진실이라는 의미이다.
마침 고넬료가 보낸 사람들이 시몬의 집을 찾아 문 앞에 왔습니다.
베드로라는 시몬이 여기에 묵고 있습니까?
19 베드로가 그 환상에 대해 생각하고 있는데 성령께서 말씀하셨습니다.
보라, 세 사람이 너를 찾고 있다! 의심하지 말고 함께 가라! 그들은 내가 보낸 사람들이다!
21 내가 당신들이 찾는 사람이오. 무슨 일로 왔소?
우리는 고넬료라는 백부장이 보냈습니다.

그는 의로운 사람이요, 하나님을 경외하는 사람이요, 온 유대인에게 존경을 받는 사람입니다. 그가 거룩한 천사의 지시로 당신을 자기 집으로 초대해서 말씀을 들으려고 합니다.
멀리서 왔으니 들어와서 쉬었다가 내일 출발합시다.
23 베드로는 그들을 불러들여 집안에 묵게 했습니다.
이방인을 집안에 들이다니.
게다가 잠까지 재워 주신다고?
내가 깨달은 바가 있으니 그대로 하세요.
다음 날 베드로는 그들과 욥바에 있던 몇몇 형제와 함께 출발했고,
24 그다음 날 베드로는 가이사랴에 도착했습니다.
고넬료는 친척과 가까운 친구들을 불러 놓고 기다리다가 베드로가 들어오자 발 앞에 엎드려 절을 했습니다.
이 종이 하나님의 사자를 뵙습니다.
※불러 놓고: 고넬료가 환상 중에 본 천사의 말을 굳게 믿고 있었다는 것을 나타낸다.
26 일어나시오. 저도 사람입니다.
하나님 앞에서는 누구나 동등합니다.
27 베드로는 고넬료와 함께 말하며 집 안으로 들어가 많은 사람이 모인 것을 봤습니다.
여러분은 유대인이 이방인과 사귀거나 가까이하면 불법이라는 것을 알 겁니다. 그런데 하나님께서는 제게 누구라도 부정하거나 더럽다고 하지 말라고 지시하셨습니다.
그래서 여러분이 저를 불렀을 때에 거절하지 않고 왔습니다.
무슨 일로 저를 불렀습니까?
4일 전 이맘 때, 제가 집에서 오후 3시 기도를 드리는 데 갑자기 눈부신 옷을 입은 한 사람이 나타나서 말했습니다.
31 고넬료야, 하나님께서 네 기도를 들으시고, 네 자선을 기억하신다. 욥바에 사람을 보내 베드로라는 시몬을 데려오라. 그는 바닷가에 있는 가죽을 만드는 시몬의 집에 묵고 있다.

tip 베드로의 환상

당시 유대인들은 성경의 말씀을 확대해서 모든 이방인과의 접촉이나 이방인이 만든 물건까지도 부정하게 생각했다. 또한 깨끗한 짐승과 부정한 짐승을 구분하여 이를 철저히 지켰다. 베드로가 환상 중에 본 짐승들은 부정한 짐승들이다. 이에 베드로는 하나님의 명령에도 불구하고 유대인의 관습에 따라 이를 거부한다. '하나님께서 깨끗하게 하신 것을 부정하다고 하지 말라'라는 말씀은 유대인들의 사고를 뒤집는 충격적인 말씀이다. 베드로는 그 의미가 무엇인지 고민하지만 고넬료가 보낸 사람을 만난 후 깨닫게 되어 이방인을 집 안에서 묵게 한다. 베드로는 예수 그리스도가 오신 후부터 깨끗하거나 부정한 것의 구별도 없어지고, 선택된 유대인과 이방인이라는 구별도 없어졌다는 걸 깨닫게 된다.

※성경의 말씀: Link 신명기 7:3~4 ※구분하여: Link 레위기 11장

이방인에게 복음을 전하다

※외모: 사람의 외모뿐만 아니라 유대인들의 율법이나 제사나 관습 등 형식적인 모든 것을 가리킨다. Link 신명기 10:17

※평화: 하나님과 죄인인 사람 사이의 화해를 의미하며, 부차적으로 사람 간의 평화를 의미한다.

※그 세례: 예수님의 사역은 요한의 세례를 받으신 후부터 시작되었다.

※나무: 십자가를 가리키며, 구약의 예언이 이루어짐과 동시에 예수님이 메시아라는 표현이다.
Link 신명기 21:22

41 '그분을 모든 사람에게 보이신 게 아니고, 오직 하나님께서 미리 선택하신 증인들, 곧 그분이 죽은 자 중에서 살아나신 뒤에 함께 먹고 마신 우리에게만 보이신 것입니다.'

42 '그때 예수께서 우리에게 명령하셨습니다.'

※우리에게만: 베드로는 계속 사도의 권위를 강조한다. Link 사도행전 1:2, 2:42, 4:35, 5:12, 6:6

43 '그 예수를 두고 모든 예언자가 증언했습니다.

※증언: Link 시편 32:5, 103:3 Link 이사야 43:25, 53:5, 55:7 Link 예레미야 31:34 Link 다니엘 9:9 Link 호세아 14:2 Link 미가 7:18 Link 스가랴 3:9, 13:1 Link 말라기 3:17

tip 평화의 복음

베드로는 예수님이 전하신 복음의 핵심을 평화라고 말한다. 이 평화는 예수 그리스도를 통해 유대인과 이방인의 관계를 가로막았던 장벽이 무너지고 하나님 안에서 하나가 되는 것이나 사람 사이의 평화를 말하기도 하고, 또 예수 그리스도를 통해 심판자와 죄인이었던 하나님과 사람 사이가 화해의 관계가 되었음을 의미하기도 한다. 한편, 베드로는 예전에 성령이 충만한 상태로 요엘의 예언을 빌려 '누구든 여호와의 이름을 부르는 자는 구원을 얻을 것이다'라고 말했다. 하지만 그 진정한 의미는 지금에서야 깨닫게 된다.

※말했다: Link 사도행전 2:21

이방인에게 성령이 내리다

44 베드로가 말을 하고 있을 때, 그 말을 듣던 모든 사람에게 성령이 내리셨습니다.

45 베드로와 함께 왔던 할례 받은 제자들은 이방인들에게도 성령을 선물로 부어 주신다는 사실에 놀랐습니다.

※할례 받은: 할례 의식을 치룬 정통적인 유대인을 가리킨다.

46 제자들은 이방인들이 방언을 말하고 하나님을 높이 찬양하는 것을 들었기 때문입니다.

47

48 베드로는 그들에게 예수 그리스도의 이름으로 세례를 받게 했고,

※세례: '모든 민족을 제자로 삼아 성부, 성자, 성령의 이름으로 세례를 주고.' Link 마태복음 28:19

그들은 베드로에게 며칠 더 머물기를 요청했습니다.
유대인이 이방인 집에 머문다는 건 상상할 수 없는 일인데.
이젠 그런 것이 다 의미가 없잖아.
11장 베드로가 예루살렘에 보고하다
1 유대에 있던 사도들과 형제들은 이방인들도 하나님의 말씀을 받았다는 소식을 듣고, 베드로가 예루살렘에 올라오자 그를 추궁했습니다.
말도 안 돼. 어떻게 이방인이?
예수님도 이방인을 차별하지 않으셨잖아.
당신이 할례를 받지 않은 자들의 집에서 그들과 함께 먹은 것이 사실이오?
사도씩이나 되는 인간이 어떻게 그런 부정한 짓을?!
4 베드로는 그동안 일어난 일을 차례대로 설명했습니다.
내가 욥바 성에서 기도할 때 정신이 흐려져 환상을 봤는데….
'하늘에서 큰 보자기 같은 그릇의 네 귀퉁이에 끈이 매달려 내 앞에까지 내려왔습니다.'
6 '그 안을 자세히 보니, 땅 위의 네발짐승과 들짐승과 기어다니는 것과 공중의 새들이 있었소.'
7 '그리고 한 목소리가 들렸습니다.'
베드로야, 일어나서 잡아먹어라!
주여, 그럴 수 없습니다! 저는 부정하거나 더러운 것을 먹은 적이 없습니다!
9 '그랬더니 하늘에서 두 번째 목소리가 들렸습니다.'
하나님께서 깨끗하게 하신 것을 부정하다고 하지 말라!
10 '이런 일이 3번 있은 뒤, 모든 것은 하늘로 들려 올라갔습니다.'
11 '그때, 세 사람이 내가 묵고 있는 집에 도착했는데, 그들은 가이사랴에서 보낸 사람들이었습니다.'
12 '성령은 내게 의심하지 말고 그들과 함께 가라고 하셨습니다.'
의심하지 말고 함께 가라! 그들은 내가 보낸 사람들이다!
'그래서 여섯 형제와 함께 가서 그 사람의 집에 들어갔습니다.'

13 '그는 어떻게 자기 집에서 천사를 봤는지, 천사가 무슨 말을 했는지 말했습니다.'

15 '내가 말을 시작하니, 성령이 처음에 우리에게 내리신 것처럼 그들에게도 내리셨습니다.'

※처음에: 오순절 성령 강림을 가리킨다. Link 사도행전 2:2

16 '나는 그때 주의 말씀이 생각났습니다.'

※말씀: Link 사도행전 1:5

17 할례 받은 자들은 더 이상 할 말이 없었고 하나님께 영광을 돌렸습니다.

tip 이방인에게 내린 성령

유대인들은 하나님께 선택받은 민족이라는 우월감을 가지고 있었다. 그리고 할례는 유대인들과 이방인을 구별해 주고, 선택받은 민족임을 나타내는 증표였다. 그런 생각은 유대교를 버리고 그리스도인이 된 유대인들에게도 뿌리박혀 있었다. 그들은 예수님이 이방인을 차별하지 않았던 많은 말씀과 행동을 보고, 복음을 모든 민족과 땅끝까지 전하라는 말씀도 들었지만 이해하지 못했다. 한편, 이 사건을 통해 예루살렘의 교회 안에서 이방 선교에 대한 논란과 갈등이 계속 있었다는 것을 알 수 있다. 하지만 이 사건을 계기로 유대인들의 오랜 전통이자 굳은 신념이 무너지고, 이방 선교에 대한 이견이 통합되면서 이방인에게도 복음이 전해질 수 있는 정당성을 얻게 된다.

안디옥의 교회

19 한편, 스데반의 죽음으로 시작된 탄압으로 흩어진 제자들은 페니키아, 구브로, 안디옥까지 가서 유대인들에게 말씀을 전했고,

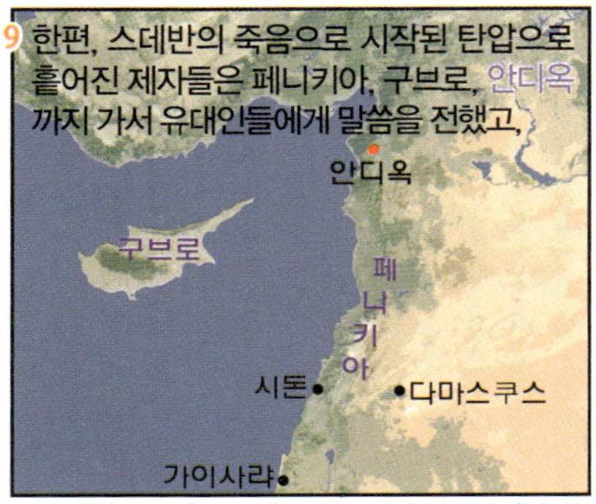

※안디옥(Antioch): 안디옥 교회는 이방 선교의 가장 중요한 전진 기지였다.

20 그들 중에 구브로 사람과 구레네 사람 몇몇은 안디옥에서 그리스 사람에게도 주 예수를 전했습니다.

※구레네(Cyrene): 북아프리카 리비아의 해안 도시. B.C. 5년 이후 많은 디아스포라 유대인들이 거주했다.

21 주의 손길이 그들과 함께 하시니, 많은 사람이 믿고 주께로 돌아왔습니다.

※주의 손길: 하나님의 개입으로 이방 선교의 정당성을 암시한다.

22 예루살렘 교회가 이 소식을 듣고 바나바를 안디옥으로 보냈습니다.

23 바나바는 가서 하나님의 은혜가 내린 것을 기뻐하며 굳센 마음으로 주를 의지하라고 격려했습니다. 바나바는 착한 사람이요 성령과 믿음이 가득한 사람이라 많은 사람이 주를 믿었습니다.

※바나바(Barnabas): 구브로에서 태어난 레위 사람으로 본명은 요셉이다. Link 사도행전 4:36

※다소(Tarsus): 길리기아의 수도로 안디옥에서 북서쪽으로 약 140km에 있다. Link 사도행전 9:30 에서 고향인 다소로 도망간 사울은 10년 이상을 그곳에서 머물렀다. Link 갈라디아서 2:1

※그리스도인(Christian): 신약에서는 3번만 언급된다. Link 사도행전 26:28 Link 베드로전서 4:16

※그때: 사울이 안디옥 교회에 있을 때. A.D.44년 이전 어느 때를 가리킨다.

※아가보(Agabus): 사울이 예루살렘에서 유대인에게 잡혀 이방인에게 넘겨질 것을 예언한다. Link 사도행전 21:11

※글라우디오(Claudius): A.D.41년 로마의 3대 황제 칼리굴라가 암살되고, 로마의 4대 황제(A.D.41~54년)가 되었다.

※장로(elder): 구약의 유대교 장로가 아닌 신약의 교회 장로가 처음 언급된다.

12장 야고보의 죽음과 베드로의 투옥

※헤롯 왕: 헤롯 대왕의 손자인 헤롯 아그립바 1세를 가리킨다.

tip 이방 지역으로 전해지는 복음

스데반의 순교 이후 많은 그리스도인이 박해를 피해 예루살렘을 벗어났다. 하지만 박해의 손길은 다마스쿠스까지 미쳤다. 그러자 그리스도인들은 박해를 피해 더 멀리 달아났다. 그중에 하나가 안디옥 교회이다. 결과적으로 유대인들의 박해가 복음이 더 빨리, 더 멀리 확장되는 계기를 만들어 준 것이다. 한편, 그즈음 안디옥 교회에서는 자신들을 유대교와 구분하여 그리스도인이라고 불렀다. 당시 로마는 유대교를 합법적인 종교로 인정했고, 예수님을 믿는 자들을 유대교의 한 분파로 이해하고 있었다. 그런데 그리스도인이라 하여 유대교와는 전혀 다른 새로운 종교가 등장한 것이다. 이것은 로마로부터 불법적인 신흥 종교로 취급되어 탄압을 받을 가능성이 생겼다는 의미이기도 했다. 또한 내부적으로는 유대교와 별개로 구별되면서 어떻게 구약의 말씀과 신약의 복음을 연결할 것인가 하는 과제도 있었다.

※벗어났다: Link 사도행전 8:1 ※미쳤다: Link 사도행전 9:2 ※달아났다: Link 사도행전 11:19

※야고보(James): 세베대와 살로메의 아들. 예수님의 사촌으로 여겨지며 큰 야고보라 불렸다.

※유월절: 출애굽 전, 이집트에 내린 마지막 재앙에서 이스라엘 백성을 보호하신 하나님의 은혜를 기념하는 절기.

※무교절: 출애굽을 기념하는 절기로 유월절이 끝나는 저녁부터 7일간이지만 당시엔 유월절과 함께 8일간 지낸 듯하다.

※탈옥했던: Link 사도행전 5:18

tip 헤롯 아그립바 1세 Herod Agrippa I

세례 요한을 죽이고, 예수님을 만났던 헤롯 안티파스Herod Antipas는 A.D.39년에 왕위에서 쫓겨났다. 그 뒤를 이어 헤롯 대왕의 손자인 헤롯 아그립바 1세가 왕위를 이었는데, 그것은 A.D. 41년 로마의 3대 황제 칼리굴라Caligula가 암살된 후 글라우디오Claudius가 황제가 되는데 기여한 공을 인정받은 것이었다. 그는 어릴 때부터 로마 황실에서 교육을 받아 글라우디오와 친분이 두터웠고, 유대와 사마리아까지 통치하게 되면서 할아버지인 헤롯 대왕보다 더 넓은 영토를 다스렸다. 유대인들에게 호의적인 평가를 받았던 그는 유대인들의 환심을 얻기 위해 교회를 탄압하다가 잠시 후인 A.D.44년에 죽는다.

※만났던: Link 누가복음 23:8 ※잠시 후: Link 사도행전 12:23

베드로가 감옥에서 나오다

※마가(Mark): 안디옥 교회를 맡은 바나바의 조카이며 마가복음의 저자다. 그의 집에는 마가의 다락방이 있었다.

※베드로의 천사: 유대인들은 각각의 사람을 지켜주는 수호천사가 있다고 생각했다.

※야고보(James): 예수님의 친동생으로 예루살렘 교회의 중요한 위치에 있었다.

※다른 곳: 어디인지 알 수 없지만 A.D.44년 헤롯 아그립바 1세가 죽자 베드로는 다시 예루살렘으로 돌아온다.

※가이사랴(Caesarea): 예루살렘 북서쪽 약 90km에 위치한 팔레스틴 지역의 중심 도시로 로마 총독부가 있었다.

tip 마가의 다락방

감옥에서 나온 베드로가 먼저 찾은 곳은 마가의 어머니 마리아의 집이었다. 이곳에서는 예수님과 제자들의 최후의 만찬이 있었고, 오순절 성령 강림이 있었다. 또 베드로가 감옥에 갇히자 형제들이 모여서 기도하던 곳이었으며, 이곳에 있던 어린 여종이 목소리만 듣고 베드로를 알아본 것으로 보아 그가 이곳을 자주 드나들었다는 걸 알 수 있다. 마가의 다락방은 예루살렘 교회가 처음 시작된 곳으로 보인다.

※이곳: Link 마가복음 14:15 Link 사도행전 2:1

헤롯의 죽음

※두로(Tyre), 시돈(Sidon): 갈릴리 지방 북쪽 지중해의 항구 도시로 무역이 발달했다.

※식량: 두로와 시돈은 솔로몬 시대 이후 유대 지역에서 식량을 수입했다. Link 열왕기상 5:9 Link 에스라 3:7

※마가(Mark): 안디옥 교회를 맡은 바나바의 조카이며 마가복음의 저자다.

tip 헤롯 아그립바 1세의 죽음

유대 역사가 요세프스에 따르면 A.D.44년 헤롯 아그립바 1세는 로마 황제 글라우디오의 승리를 축하하는 기념행사를 열었다고 한다. 황제를 칭송하는 자리였지만 실상 그곳에서 가장 높은 자는 빛나는 은색 갑옷을 입은 헤롯이었다. 이에 헤롯에게 환심을 사야 하는 두로와 시돈 사람들이 그에게 아첨을 떨었다. 하지만 헤롯은 고넬료가 경외심을 가지고 절을 했을 때 베드로가 보인 반응과는 달리 교만했다. 그는 갑작스러운 복통으로, 왕궁으로 옮겨졌지만, 온몸에 벌레가 생겨서 5일 후에 비참한 최후를 맞이했다고 한다. 한편, 그가 죽을 때, 그의 아들 아그립바 2세가 어렸기 때문에 유대 지역은 한동안 로마 총독이 다스리게 된다.

※보인 반응: Link 사도행전 10:26

13장 1차 전도 여행

※예언자들과 교사들: 다양한 민족과 배경을 가진 사람들이 성령 안에서 공동체를 이루고 있었다.

구브로에서 전도하다

※구브로(Cyprus): 시리아 서쪽 약 100km 지점에 있는 지중해의 섬으로 바나바의 고향이다.

※회당(synagogue): 이방 선교지만 유대 회당을 중심으로 이루어졌음을 보여 준다.

※마가(Mark): 안디옥 교회를 맡은 바나바의 조카이며 마가복음의 저자다.

※바예수(Bar-Jesus): '예수스의 아들'이라는 뜻. 일종의 무당이다.

※엘루마(Elymas): 주술사, 마술사, 무당이라는 뜻. 직함이거나 가명으로 짐작된다.

※가르침: 주의 일을 방해하고 거짓과 악행을 일삼던 엘루마의 저주를 통해 얻은 가르침. 즉, 하나님의 존재와 능력을 보게 된 것을 가리킨다.

tip 바울이라고도 하는 사울

이방인을 위한 사도 사울의 첫 전도 여행이다. 그들은 안디옥과 가깝고, 바나바의 고향이며, 많은 유대인이 살던 구브로를 첫 방문지로 선택했다. 여기서 처음으로 바울Paul이라는 이름이 언급된다. '사울'은 히브리식 이름이고 '바울'은 로마식 이름이다. 이후로는 바울이라는 이름으로만 언급된다. 이방 선교를 위해서는 히브리식 이름보다 로마식 이름을 쓰는 것이 낫다고 판단한 것으로 보인다.

비시디아의 안디옥에서 전도하다

※헤어져: 마가가 돌아간 것은 여행의 어려움, 바울에 대한 불만, 예루살렘 집의 문제 등 추측만 있을 뿐이다.

※안디옥(Antioch): 신약에는 비시디아의 안디옥과 시리아의 안디옥이 등장한다.

※일어나: 일반적으로 회당의 설교는 앉아서 했다. Link 누가복음 4:20
※사람들: 할례는 받지 않았지만 예배에 참석하는 이방인들을 가리킨다.

이스라엘의 하나님

※율법서: 창세기, 출애굽기, 레위기, 민수기, 신명기. 즉 모세오경을 가리킨다.
※권할 말씀: 당시 회당에서는 방문한 랍비에게 설교를 요청하기도 했다.

※일곱 족속: 헷, 기르가스, 아모리, 가나안, 브리스, 히위, 여부스 족속이다. Link 신명기 7:1

※450년: 가나안 정복 전쟁(B.C. 1405년)부터 마지막 사사인 사무엘(B.C. 1017년)까지는 약 400년이다.
※40년: 구약 성경에서는 사울의 통치 기간이 언급된 적이 없다.
※증언: Link 사무엘상 13:14 Link 시편 89:20

tip 이스라엘의 하나님

바울은 '이스라엘 백성의 하나님'으로 연설을 시작하면서 이스라엘 역사에서 늘 함께하셨던 하나님을 쭉 언급한다. 그것은 회당의 많은 유대인을 의식한 발언으로, 바울이 말하는 하나님이 이방인들의 낯선 신이 아니라 유대인들이 지금까지 함께하면서 경험해 왔던 바로 그 하나님이라는 것을 강조하고 있다. 바울은 [22절]에서 바로 그 이스라엘의 하나님이 다윗을 왕으로 세우셨고, 다윗을 통해 하나님의 이스라엘을 위한 구원 계획이 이루어질 것임을 밝힌다. 그리고 바울은 [23절]에서 하나님이 약속하시고, 다윗을 통해 이루고자 하셨던 계획, 즉 이스라엘 백성들이 기다리던 메시아를 보내셨다는 것을 선포한다.

메시아의 죽음과 부활

※약속: Link 사무엘하 7:12
※이스라엘을 위해: 바울은 유대인들의 전통적인 관점에서 이야기하고 있다.

tip 세례 요한을 등장시킨 이유

당시 유대인들은 세례 요한을 예언자로 믿었고, 그의 세례도 널리 알려져 있었다. 당시에 그를 믿는 집단이 따로 존재했다는 것으로 보아 대중들에게 대단한 신뢰를 얻고 있었던 것으로 보인다. 모든 사람이 믿고 신뢰하는 그가 스스로 메시아가 아님을 밝혔고, 그가 메시아라고 증언한 분은 예수님이었다. 바울은 예수님이 메시아라는 사실과 권위를 보증하기 위해 세례 요한의 말에 근거해서 증명하고 있다.

※말하다: Link 누가복음 3:16 Link 요한복음 1:20,27

tip 하나님이 살리신 분

하나님은 다윗을 통해 약속하신 메시아를 보내셨고, 유대인들이 신뢰했던 세례 요한은 예수님을 메시아로 증언했다. 하지만 무지한 예루살렘 사람들은 그를 죽였다. 즉, 바울은 예수님의 죽음에 대한 책임을 예루살렘의 유대인들로 한정시킨다. 또 죽은 예수님을 살리신 분은 하나님이라고 했다. 하나님은 거룩하고 정의로운 분이시다. 그런 분이 그를 살리셨다는 것은 그가 정당했다는 증거임과 동시에 그를 죽인 유대인들의 죄가 증명되는 것이다.

부활로 성취된 하나님의 약속

※약속: [23절]에서 다윗의 후손 중에 구세주를 세워 이스라엘을 위해 보내신다는 약속.

※시편: Link 시편 2:7

※말씀: Link 이사야 55:3 ※은혜: 영원한 생명.

※말씀: Link 시편16:10

▶ Link 1권 72p tip '너희를 쉬게 하겠다'를 보라.

40 '그러니 예언서의 말씀이 여러분에게 일어나지 않도록 조심하십시오.'

※말씀: 바벨론이 예루살렘까지 멸망시킬 것을 예언한 것이다. Link 하박국 1:5

tip 하나님이 약속하신 메시아

바울은 복음이 난데없이 나타난 이단이 아니라 유대인들이 믿는 하나님의 약속이 이루어진 결과라는 것을 강조하고, 그 사실을 증명하기 위해 구약의 말씀들을 증거로 제시한다. [시편 2:7]은 왕의 대관식에서 하나님께서 기름 부어 세우신 왕과 부자 관계를 맺는다는 의미다. 유대인들은 이 말씀을 전통적으로 메시아를 위한 말씀으로 이해했고, 예수님이 요한에게 세례를 받은 후 성령이 내릴 때도 이 말씀이 쓰였다. 또 [이사야 55:3]은 하나님께서 다윗에게 '확실한 은혜', 곧 영원한 생명을 약속하셨고, [시편 16:10]은 '주의 거룩한 자는 썩지 않을 것'이라고 했다. 하지만 [36절]에서 다윗은 죽어서 썩었다. 즉 다윗은 하나님께서 약속하신 분이 아니다. 죽어서도 썩지 않은 분, 죽어서도 다시 살아나신 분이 바로 하나님께서 다윗에게 약속하신 메시아인 것이다. 바울은 유대인들이 존경하는 다윗을 높이면서도 그보다 더 높으신 분이 예수님이라는 사실을 증명하고 있다.

※내릴 때: Link 마태복음 3:17

42 그들이 회당에서 나오자 사람들이 부탁했습니다.

43 사람들이 흩어진 뒤에도 많은 유대인과 유대교를 믿게 된 경건한 이방인이 바울과 바나바를 따랐고, 두 사도는 그들과 말을 하고 격려했습니다.

44 다음 안식일이 되자 성의 모든 사람이 거의 다 하나님의 말씀을 들으려고 모였습니다.

45 유대인들이 그것을 보고 시기심으로 가득 차 바울의 말을 반대하고 비난했지만, 바울과 바나바는 담대하게 말했습니다.

※주께서: Link 사도행전 9:15 Link 이사야 42:6, 49:6

48 이방인들은 이 말을 듣고 기뻐하며 주의 말씀을 찬양했고, 영원한 생명을 받도록 정해진 사람은 모두 믿게 되었습니다.

※정해진: 믿는 사람이 구원받을 것이라는 것은 세상이 있기 전에 이미 정해진 것이다.

49 그렇게 해서 주의 말씀이 그 온 지방에 널리 퍼졌습니다.

50 그러나 유대인들은 경건한 귀부인들과 그 성의 지도자들을 선동해서,

바울과 바나바를 핍박하게 하고 그곳에서 쫓아냈습니다.

※경건한 귀부인: 유대 회당 예배에 참석하고 사회적 지위가 높은 이방 여인들을 가리킨다.

51 그래서 바울과 바나바는 발의 먼지를 털어 버리고 이고니온으로 갔으며, 안디옥의 제자들은 기쁨과 성령으로 가득 차 있었습니다.

※털어 버리고: 예수님의 말씀을 그대로 실천했다. Link 마태복음 10:14

tip 바울을 시기하는 유대인들

유대인 회당의 바리새인들은 바울의 설교를 듣기 위해 많은 사람이 모이자 적개심을 가지고, 그 지방의 유력자들까지 동원해서 위협을 가한다. 그리스도인들이 유대교 공동체에 위협이 된다고 생각했기 때문이다. 이에 바울은 이사야의 예언을 들어 이방 선교의 정당성과 자기 일이 하나님의 명령에 따른 것임을 강조하는 한편, 자신이 전하는 복음도 유대인들이 섬기던 바로 그 하나님에게서 나왔다는 것을 암시한다. 그것은 곧 자신을 탄압하는 유대인들이 하나님의 뜻을 거역하고 있다는 것이다. 결국 바울과 바나바는 쫓겨났지만, 그곳에는 이미 복음의 뿌리가 내리고 있었다.

14장 이고니온에서 전도하다

1 바울과 바나바가 이고니온에서도 유대인의 회당에 들어가서 말하자 많은 유대인과 그리스 사람이 믿게 되었습니다.

2 그러나 믿기를 거부한 유대인들은 이방인들을 선동해서 믿는 형제들에게 나쁜 감정을 품게 했습니다.

3 그래서 두 사도는 그곳에 오래 머물면서 주께 의지하며 담대하게 말했고,

주께서는 그들의 손으로 기적과 놀라운 일을 이루게 하셔서 그 은혜의 말씀이 참되다는 것을 증명해 주셨습니다.

4 그 성의 사람들은 유대인을 따르는 자와 두 사도를 따르는 자로 나뉘어졌습니다.

※

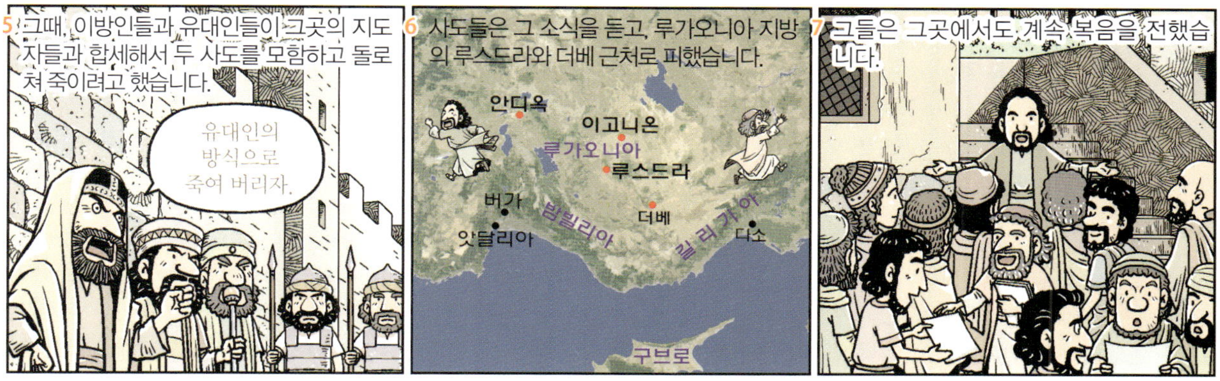

루스드라에서 전도하다

※루스드라(Lystra): 바울이 회당에서 복음을 전했다는 기록이 없는 것으로 볼 때 이곳은 이방인들만 있던 곳으로 보인다.

※믿음: 이방인이라도 믿음이 있다면 구원받을 수 있다는 것을 암시하고 있다.

※말로: 로마의 점령지에서는 대부분 라틴어, 헬라어, 그리고 그들의 모국어를 사용했다.

14 이에 두 사도는 옷을 찢고 사람들 사이로 달려 들어가서 외쳤습니다.

※기쁘게: 세상 모든 사람에게 하나님의 은혜가 공평하게 베풀어졌다는 의미이며, 보편적인 하나님의 사랑을 뜻한다.

18 두 사도는 이렇게 말하고, 사람들이 자기들에게 제사를 지내지 못하게 겨우 말렸습니다.

tip 신들이 사람의 모습으로

이 지역은 오래전 알렉산더 대왕에게 점령되었을 때 그리스 문화와 신들이 함께 들어왔다. 제우스Zeus는 그리스 신화의 최고의 신으로 신들과 인간들의 아버지였고, 헤르메스Hermes는 12신 중 하나로 신들 사이에 말을 전하는 전령의 신이다. 루스드라 사람들은 바나바의 근엄한 외모를 보고 제우스라고 불렀고, 바울이 주로 말을 하자 헤르메스라 부른 것이다. 한편 그리스 신화에서 신들은 인간과 비슷한 행동과 사고방식을 가졌고, 이 세상에 내려와 인간과 접촉하는 경우도 많았다. 그래서 그들에게 예수님이 인간의 몸으로 이 세상에 오셨다는 것은 낯선 것이 아니었다. 그들은 그리스 문화의 영향으로 기적을 일으킨 두 사도가 사람의 모습으로 온 신들이라고 생각했다.

19 그런데 안디옥과 이고니온에서 온 유대인들이 사람들을 선동해서 바울을 돌로 쳤습니다.

그들은 바울이 죽은 줄 알고

성 밖으로 끌어내어 버렸습니다.

20 그러나 제자들이 바울을 둘러섰을 때,
흑, 이렇게 돌아가시다니.
바울이 일어나
헉!!
엄마야!
툭
툭
성안으로 들어갔습니다.
다음 날, 바울은 바나바와 함께 더베로 떠났습니다.
진짜로 맞아 죽기 전에 튀자!
후다닥
시리아 안디옥으로 돌아오다
21 그들은 더베에서 복음을 전해 많은 사람을 제자로 삼고, 왔던 길을 되돌아갔습니다.
되돌아가는 건 위험한데.
그래도 제가 뿌린 씨앗은 확인해야지요.
※왔던 길: 루스드라, 이고니온, 안디옥
22 그들은 각 성에서 제자들의 마음을 굳세게 해주고 믿음을 지키라고 격려했습니다.
우리가 하나님 나라에 들어가려면 많은 고난을 겪어야 합니다.
23 그리고 각 교회의 장로들을 임명한 뒤, 금식하고 기도하며 그들이 믿는 주께 그들을 맡겼습니다.
24 두 사도는 비시디아 지방을 지나 밤빌리아 지방에 이르러, 버가에서 말씀을 전하고 앗달리아로 내려가서,
안디옥
루가오니아
비시디아
이고니온
루스드라
버가
밤빌리아
더베
길리기아
다소
앗달리아
안디옥
실루기아
시리아
구브로
26 그곳에서 배를 타고 시리아의 안디옥으로 향했습니다.
안디옥은 두 사도가 이룬 이방 선교를 위해 하나님의 은혜를 빌며 떠났던 곳입니다.
드디어 돌아왔구나.
27 그곳에 도착한 그들은 성도들을 불러 모으고, 하나님께서 자기들과 함께 하신 모든 일과 하나님께서 이방인들에게 믿음의 문을 열어 주신 것을 보고한 후, 그곳에서 오랫동안 제자들과 함께 지냈습니다.
이방 선교는 하나님이 계획하신 일이고,
이곳은 이방 선교의 가장 중요한 거점이죠.

tip 교회의 장로를 임명하다

유대인들의 시기와 박해가 있었음에도 바울이 복음을 전한 이방 지역에 조직적인 그리스도인의 공동체가 만들어지고, 그 공동체를 관리하고 지도하는 장로들이 세워졌다. 당시의 장로들이 단순한 봉사직이었는지, 설교를 하는 권한이 있었는지, 지금의 목회자의 역할이었는지, 또 어떤 절차로 임명되었는지는 정확히 알 수 없다.

갈라디아서 GALATIANS

갈라디아 지방은 유대인들의 세력이 강했고, 교회 내에서도 전통적인 율법을 지키려는 유대인들이 많았다. 이에 바울은 율법의 굴레에서 벗어나 오직 예수 그리스도에 대한 믿음으로만 구원받을 수 있음을 편지로 써서 보낸다. 한편, 갈라디아서의 기록 시기에 대해서는 1차 전도 여행 직후, 2차 전도 여행 도중, 3차 전도 여행 도중이라는 주장이 있다.

15장 예루살렘 총회

※몇몇 사람: 그리스도인 중에서 유대교의 전통을 지키려는 사람들로 보인다.

※베드로 때: 베드로가 백부장 고넬료의 집에 갔다 왔을 때도 예루살렘의 유대인들은 그것을 문제 삼았다. Link 사도행전 11:3

※그곳: 페니키아는 스데반 순교 때 박해를 피해 간 그리스도인들로 인해, 사마리아는 빌립에 의해 그리스도인의 공동체가 형성된 것으로 보인다. Link 사도행전 8:5

tip 전통을 고수하려는 유대인들

안디옥 교회로 내려온 몇몇 사람은 예루살렘의 바리새파 출신의 그리스도인들이 보낸 사람들로 보인다. 그들은 그리스도교로 개종했지만 여전히 유대교의 전통에 집착했다. 그들은 지도자급의 바리새인으로, 그들이 교회의 승인 없이 독단적으로 행동했다는 것은 교회 내에서 각각의 무리 사이에 대립과 갈등이 있었다는 것을 알 수 있다. 그것은 이미 [6:1]에서 그리스파와 히브리파의 갈등에서도 드러났었다. 한편, 그런 상황에서 최초의 교회 총회가 열렸다. 유대인들은 그리스도교가 이방인에게 전해지면서 선택된 민족이라는 자부심과 우월감이 무너졌다. 총회는 유대인들의 반발에 공식 대응하고, 중요한 종교적 교리를 다뤘다는 점에서 의미가 있다.

※아시다시피: [10장]에서 이방인인 고넬료 등이 성령을 받은 사건을 가리킨다.

※믿음: 구원은 전통이나 민족에 의해서가 아니라 믿음으로 주어진다는 것을 강조하고 있다.
※멍에: 사람들에게 무거운 짐이 되어 버린 유대교의 과도한 종교적 의무나 율법.

※야고보(James): 예수님의 친동생 야고보로 예루살렘 교회의 중요한 위치에 있었다.
※얼마 전: [10장]에서 이방인인 고넬료 등이 성령을 받은 사건을 가리킨다. ※시몬(Simon): 베드로의 히브리어 이름이다.

※말씀: Link 아모스 9:11, 12 이방 선교의 정당성을 구약의 예언을 통해 증명하고 있다.

※목매어: 목매어 죽인 짐승은 피가 몸속에 남아있다. 피를 먹지 못하게 한 것은 피가 생명을 뜻하기 때문이다. Link 레위기 17:11

※유다(Judas): [1:23]의 바사바라 하는 요셉과 형제로 보인다.

tip 야고보의 결론

베드로의 발언 이후 야고보는 결론까지 이끌어낸다. 이는 예루살렘 교회에서 그들의 영향력을 짐작하게 한다. 야고보는 이방인인 고넬료의 사건이 구약 시대 아모스의 예언의 성취이라고 결론을 내리고, 그때부터 이방인들을 구원하시려는 하나님의 뜻이 계속되었음을 강조하면서 이방 선교의 정당성을 확인한다. 그는 유대의 전통을 지키려는 그리스도인들에게 이방인들에 대한 배타적인 우월감과 자부심을 포기하라고 요구한다.

이방 교회에 보내는 편지

※온 교회: 총회의 결정에 모든 지역 교회가 따른다는 것을 의미한다.

※실라(Silas): 실루아노라는 로마식 이름이 있으며, 로마 시민권자였다.

26 '바나바와 바울은 우리 주 예수 그리스도의 이름을 위해 목숨을 아끼지 않는 사람들이며, 또 유다와 실라를 보내니 그들이 이 일을 직접 말로 전할 것입니다.'

28 '성령과 우리는 꼭 필요한 것들 외에는 어떠한 무거운 짐도 너희에게 지우지 않기로 했으며, 다만 우상에게 바친 제물과 피와 목매어 죽인 짐승과 음란한 행동은 멀리해야 합니다.'

※이 일: 바나바와 바울의 이방 선교를 공식적으로 인정한 것을 비롯한 총회의 결정.

그들은 안디옥으로 가서 사람들을 모아 놓고 그 편지를 전했습니다.

31 사람들은 그 편지를 읽고, 그 격려의 말에 기뻐했습니다.

32 유다와 실라도 예언자이므로 많은 말로 형제들을 다독이고 격려했습니다.

33 그들은 안디옥에서 한동안 지낸 뒤, 형제들에게서 배웅을 받으며 예루살렘의 사도들에게 돌아갔고, 바울과 바나바는 그곳에 계속 머물면서 다른 여러 사람과 함께 주의 말씀을 가르치고 전했습니다.

※여러 사람: 안디옥 교회에 있던 다른 여러 교사들을 가리킨다. **Link** 사도행전 13:1

tip 예루살렘 교회의 결정

예루살렘 교회가 바나바와 바울과 함께 유다와 실라를 안디옥 교회로 보낸 것은 이방 선교를 공식적으로 인정함과 동시에 바나바와 바울보다 예루살렘 교회를 대신하는 유다와 실라의 권위가 더 높다는 것을 보여 준다. 이 같은 예루살렘 교회의 권위는 최초의 교회가 예루살렘에 세워졌고, 대부분의 사도들이 그곳에 머물렀기 때문이다. 또한 예루살렘 교회는 [28절]에서 총회의 결정이 성령에 의한 것임을 밝히면서 그 결정에 따라야 한다는 것을 선포한다. 한편, 혼란에 처했던 안디옥 교회에 예루살렘 교회의 공식적인 승인은 큰 힘이 되었고, 바울은 곧 혼란을 수습하고 2차 전도 여행을 준비한다.

바울과 바나바가 갈라서다

36 며칠 뒤,

37 그런데 바나바는 마가라는 요한도 데려가려고 했고,

38 바울은 밤빌리아에서 떠나버린 그를 좋게 여기지 않았습니다.

※마가(Mark): 바나바의 조카이며 마가복음의 저자다. 그는 바울의 1차 전도 여행 도중에 예루살렘으로 돌아갔다. **Link** 사도행전 13:13

39 결국 그들은 심하게 다툰 끝에 서로 갈라 서고 말았습니다.

바나바는 마가와 함께 배를 타고 구브로로 떠나고,

tip 바울의 고집

바울은 마가와의 불화로 늘 자신을 지지했던 바나바와 헤어졌다. 바울은 예루살렘 총회 이후 입지가 강화되면서 바나바의 영향이 상대적으로 적어졌기 때문에 고집을 꺾지 않았고, 바나바는 그런 바울에게 크게 실망했을 것이다. 훗날 바울은 이 다툼이 자신의 고집에서 비롯되었다고 고백한다. 이후 마가는 바울에게 많은 도움을 주고, 바울은 마가에 대한 감사를 표현한다.

※지지했던: Link 사도행전 9:27, 11:25
※표현: Link 골로새서 4:10 Link 디모데후서 4:11 Link 빌레몬서 1:24

2차 전도 여행

40 바울은 실라와 함께 떠났고, 안디옥의 형제들은 그들에게 하나님의 은혜가 함께 하길 기원했습니다.

41 바울과 실라는 시리아와 길리기아 지방을 돌아다니며 교회들을 격려했습니다.

16장 디모데가 합류하다

1 바울은 더베를 거쳐 루스드라에 갔습니다.

그곳에는 디모데라는 제자가 있었는데, 어머니는 예수를 믿는 유대 여자였고, 아버지는 그리스 사람이었습니다.

2 디모데는 루스드라와 이고니온의 제자들에게 존경받는 사람이었습니다.

※디모데(Timothy): 바울의 1차 전도 여행에서 그리스도인이 된 것으로 보이며, 이후 바울은 그를 '내 사랑하는 아들'이라고 불렀다. Link 고린도전서 4:17

3 바울은 디모데와 함께 가기를 바라고, 그 지방에 사는 유대인들을 의식해서 디모데에게 할례를 베풀었습니다.

그것은, 디모데의 아버지가 그리스 사람인 것을 모두 알고 있었기 때문입니다.

4 그들은 여러 성을 다니면서, 예루살렘의 사도들과 장로들이 정한 규정들을 전해 주고 지키게 했습니다.

※규정들: [15장]의 예루살렘 총회에서 결정된 내용들.

tip 디모데의 할례

디모데의 어머니는 이방인과 결혼했고, 디모데는 할례를 받지 않았다. 이를 통해 그의 어머니는 유대인의 전통에 철저하지 않았고, 이전부터 그리스도인이었다는 것을 알 수 있다. 그리고 바울은 [디모데후서 1:5]에서 그의 할머니도 그리스도인이었다는 걸 밝힌다. 한편, 바울은 예루살렘 총회가 유대인의 율법을 이방인에게 요구하는 것을 금지했지만 디모데에게는 할례를 베풀었다. 그것은 바울이 할례를 받든 말든 전혀 문제 될 것이 없다고 말했던 것과 이방인인 디도에게 할례를 받지 않도록 한 것과 모순이 된다. 바울은 실리를 중시하는 사람으로 보인다. 유대인이 이방인과 결혼하는 경우는 드물었기 때문에 디모데와 그 어머니는 유대인들에게 비난의 대상이 되었을 것이다. 이에 바울은 디모데가 할례를 통해서 완전한 유대인이 되길 바랐다. 그래서 유대인들의 비난에 시달리지 않고 효과적으로 복음을 전하고 싶었다. 이 같은 바울의 생각은 [고린도전서 9:20]에서도 잘 나타난다.

※말했던 것: Link 고린도전서 7:17~20 ※한 것과: Link 갈라디아서 2:3

바울의 환상: 마케도니아 사람

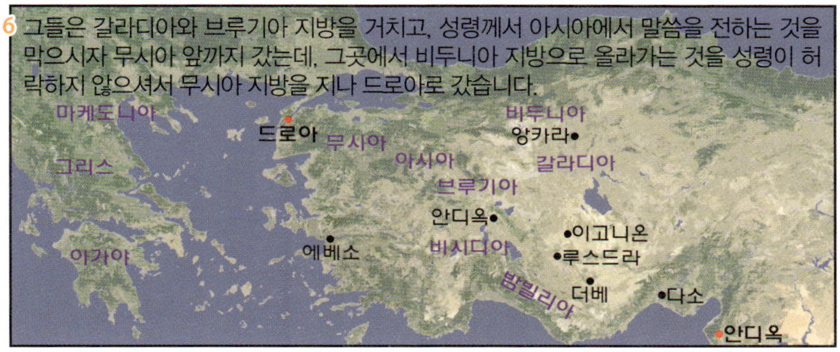

※우리: 표현이 '우리'로 바뀌었다. 이때부터 사도행전을 쓴 '누가'도 합류한 것으로 보인다.

루디아가 믿다

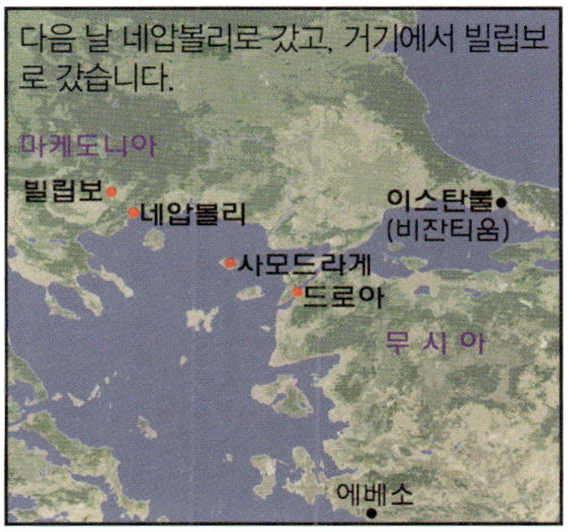

※두아디라(Thyatira): 아시아 지방 서쪽에 위치한 성읍. 요한계시록 7교회 중 한 곳이 있는 곳이다.

※우리: 여기서 '우리'라는 표현이 끝나는데, 이 사건 후 누가는 빌립보에 남은 것으로 보인다.
※하나님: 듣는 사람에 따라 그 대상이 달라진다. 유대인은 여호와지만, 그리스인은 제우스로 이해했다.

※풍습: 유대교는 로마가 인정하는 합법적인 종교였지만 로마인이 유대교를 믿는 것은 금지되어 있었고, 유대인에 대한 부정적인 인식도 많았다.

28 그 때, 바울이 큰 소리로 외쳤습니다.
네 몸을 해치지 마라! 우리가 모두 여기 있다!
29 경비병은 등불을 찾아 들고 뛰어 들어가,
등불을 줘 봐!
두려움에 떨며 바울과 실라 앞에 엎드렸습니다.
30 그리고 그들을 밖으로 데리고 가서 물었습니다.
선생님들, 그러면 제가 어떻게 해야 구원을 얻을 수 있습니까?
주 예수를 믿으라. 그리하면 너와 네 집이 구원을 얻을 것이다.
32 그들은 경비병과 그 집의 모든 사람에게 주의 말씀을 전했습니다.
제 집이 바로 옆에 있으니…
33 그 밤에 경비병은 그들의 상처를 씻어 주고,
34 음식을 대접하고, 온 가족이 하나님을 믿게 된 것을 기뻐했습니다.
35 날이 밝자, 치안관들은 부하들을 보내 두 사람을 놓아주었습니다.
그만하면 됐으니 그들을 풀어 줘라.
36 치안관들이 선생님들을 놓아주랍니다. 그러니 이제 나와서 평안히 가십시오.
37 로마 시민인 우리를 재판도 없이 사람들 앞에서 때리고 감옥에 가두었다가 이제 아무렇지도 않게 내보낸단 말입니까? 안 됩니다. 그들이 직접 와서 우리를 석방해야 합니다.
네?! 로마 시민?

38 부하들에게 바울과 실라가 로마 시민이라는 말을 듣자 치안관들은 두려워했습니다.

39 그래서 치안관들은 직접 가서 그들을 위로하고,

그 도시에서 떠나 달라고 부탁했습니다.

40 두 사람은 감옥에서 나와 루디아의 집으로 가서 형제들을 격려하고 그곳을 떠났습니다.

※형제들: 루디아를 비롯한 그리스도인의 공동체가 생겼으며 누가는 남아 그들을 돕는다.

tip 유대인에 대한 편견

그리스도교가 로마 제국 곳곳으로 전해지면서 로마에도 그리스도인들이 등장했다. 하지만 로마의 유대인들은 그들을 반기지 않았다. 그들로 인해 유대 공동체는 위협을 받았으며 곳곳에서 유대인과 그리스도인의 갈등과 충돌이 생겼다. 이에 로마의 글라우디오 황제는 A.D.49년 '모든 유대인은 로마를 떠나라'라는 명령을 내린다. 수만 명의 유대인이 로마를 떠나 흩어졌고 곳곳의 식민지에서는 몰려오는 골치 아픈 유대인에 대한 평판이 좋지 않았다. 이에 바울과 실라를 고발한 자들은 그들이 유대인이라는 사실을 강조하며 악의적으로 사람들을 선동한다. 한편, 로마법에 따르면 로마 시민은 제국 어느 곳에서나 로마의 보호를 받고 각 지방의 법에 따라 재판을 받도록 하고 있다. 또 지방 당국이 아닌 황제에게 직접 재판을 받을 수 있는 권리도 보장하고 있다.

17장 데살로니가에서 전도하다

1 바울 일행은 암비볼리, 아볼로니아를 거쳐 데살로니가에 도착했습니다.

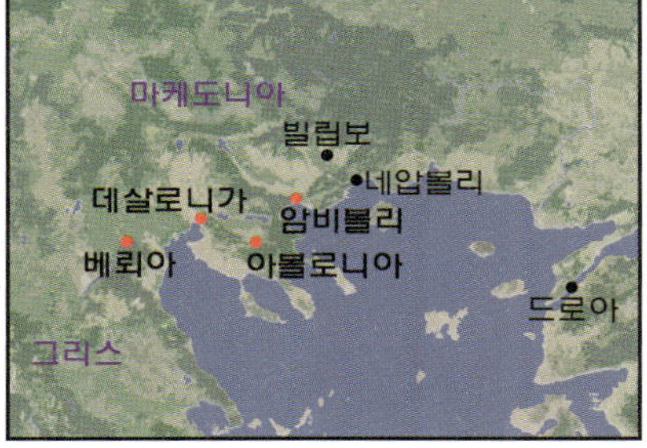

※데살로니가(Thessalonica): 마케도니아 지방의 수도였고 인구 약 20만 명의 정치, 경제의 중심지였다.

2 바울은 습관대로 유대인의 회당을 찾아가 세 안식일에 걸쳐 성경을 가지고 토론했습니다.

※성경: 구약 성경을 의미한다.
※세 안식일: 3주.

3 그는 그리스도는 반드시 고난을 받고, 죽은 자 가운데서 살아나야 한다는 것을 해석하고 증명하면서 말했습니다.

※해석: Link 신명기 21:23 Link 시편 2, 16, 110편 Link 이사야 53장 등으로 보인다.

4 그들 중에 몇몇 사람과 경건한 그리스 사람들과 적지 않은 귀부인들이 그 말을 믿고 따랐습니다.

5 그러나 유대인들은 시기하여, 불량배들과 떼를 지어 시내에서 소동을 일으켰습니다.

※야손(Jason): 히브리어 여호수아나 예수아의 그리스어 이름이다.

※세상: 로마 제국 전체를 가리킨다.

tip 반역죄

데살로니가의 유대인은 야손을 반역죄로 고발한다. 그것은 예루살렘 유대인이 예수님을 반역죄로 고발했던 것과 같다. 로마는 반역죄를 가장 무거운 죄로 다뤘고 무자비하게 처벌했기 때문에 치안관도 이 고발을 대충 다룰 수는 없었다. 예수님을 십자가에 넘긴 빌라도도 그런 이유로 유대인의 협박에 굴복했다. 하지만 이곳은 예루살렘이 아니었고, 주범인 바울을 찾을 수도 없었다. 치안관은 유대인을 달래는 선에서 적당한 처벌을 내린다.

※굴복했다: Link 요한복음 9:12

베뢰아에서 전도하다

※성경: 구약 성경을 의미한다.

※고상해서: 데살로니가 유대인과 베뢰아 유대인을 비교하면서 말씀을 듣는 자세를 강조한다.

tip 실라와 디모데

베뢰아에서 위험해지자 바울은 그곳을 떠났고, 실라와 디모데는 남았다. 하지만 배를 타고 아덴까지 내려간 바울은 어떤 이유에서인지 다시 그들을 부른다. 사도행전에서는 그들이 아덴에서 다시 만났다는 언급이 없지만, 바울 서신에서 그들이 아덴에서 다시 만났다는 것을 찾을 수 있다. 바울은 다시 디모데를 데살로니가로 보내고, 실라를 마케도니아(빌립보로 추정)로 보낸다. 그 후 바울은 고린도로 갔고 그곳에서 다시 그들을 만난다.

※만났다: Link 데살로니가전서 3:1 ※보낸다: Link 고린도후서 11:9 Link 빌립보서 4:15
※다시: Link 사도행전 18:5

아덴에서 전도하다

※아덴(Athens): 그리스 신화의 아테네 여신을 기념한 이름. 민주주의의 발상지이며, 그리스 철학의 중심지로 불린다.

※에피쿠로스(Epikuros): 욕심을 버리면 마음이 안정되고 그것이 곧 쾌락이며 행복이라는 학파.
※스토아(Stoa): 이성적인 절제와 금욕을 통해서 행복을 찾을 수 있다는 학파.

※아레오바고(Areopagus): 일반적인 문제뿐만 아니라 새로운 종교나 철학까지 관리하던 법정이자 공적인 회의와 토론이 이루어지던 곳이다.

※종교적: 무분별하게 아무 신이나 섬기는 태도를 지적한 말이다.

※한 혈통: 아담을 가리킨다.
※경계: 바울은 구약에 근거해서 말을 한다. Link 신명기 32:8 Link 시편 74:17

30 '하나님께서는 무지했던 시대에는 눈감아 주셨지만, 이제는 어디에서나 모든 사람에게 회개하라고 명령하셨습니다.'

31 '하나님께서 자신이 선택하신 한 사람을 세워 정의로 세상을 심판하실 날을 확정하셨고, 하나님은 그를 죽은 사람 중에 살리셔서 모든 사람에게 명확한 증거를 주셨습니다.'

※무지했던 시대: 예수 그리스도를 통해 하나님의 뜻이 완전히 들어나기 전을 가리킨다.

32 그들은 죽은 자의 부활에 대해 듣고서 더러는 비웃고, 더러는 다시 듣고 싶어 했습니다.

33 그렇게 바울은 떠났고, 몇몇 사람은 그를 따르며 믿었습니다.

그중에는 아레오바고 광장의 법관인 디오누시오와 다마리라는 여자와 그 밖에 다른 사람들도 있었습니다.

tip 그리스 철학의 중심지

수많은 사원과 신전과 신상이 있던 아덴은 그리스의 문학, 철학, 과학, 민주주의 등을 꽃피운 곳이다. 광장은 다양한 민족의 많은 사람이 모여 새로운 정보를 얻고 담론을 펼치던 곳이었다. 많은 철학자들이 논쟁하거나, 많은 신을 숭배하고, 그 신을 전하기도 한 장소이다. 아덴 사람들은 바울과 그가 전하는 예수 그리스도를 그 수많은 신들 중에 하나로 생각했다. 이에 바울은 다른 설교 때처럼 유대 역사나 구약 성경을 언급하지 않고, 철저히 아덴 사람들의 지식에 기초해서 설교했다.

18장 고린도에서 전도하다

1 그 후, 바울은 아덴을 떠나 고린도로 갔습니다.

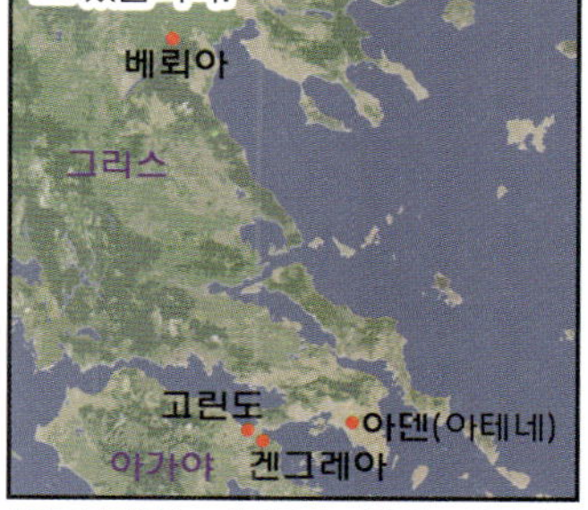

※고린도(Corinth): 아가야 주의 인구 60만의 대도시로 상업이 번창했으나 우상 숭배가 만연하고 성적으로 타락하고 무질서했다.

2 바울은 그곳에서 본도 출신인 아굴라라는 유대인을 찾아가서 만났습니다.

아굴라는 '모든 유대인은 로마를 떠나라'는 글라우디오 황제의 명령에 따라, 최근에 아내인 브리스길라와 함께 이탈리아를 떠나온 사람입니다.

※본도(Pontus): 소아시아 북동쪽 흑해에 인접한 지방이다.

※아굴라(Aquila), 브리스길라(Priscilla): 유대인과 로마인 부부이다. 이전에 이미 그리스도인이었으며 바울의 헌신적인 동료가 된다.

▶ Link 3권 87p tip '실라와 디모데'를 보라.

데살로니가전후서
1, 2 THESSALONIANS

이때 바울은 디모데를 통해 데살로니가 교회에서 그리스도의 재림과 종말에 대한 혼란이 생겼다는 소식을 듣고 데살로니가전서를 써서 보냈고, 수개월 후 데살로니가 교회에 여전히 남아 있는 문제에 대해 좀 더 보충 설명을 하기 위해 데살로니가후서를 보낸다.

※털며: 유대인들은 부정한 곳에서 나올 때 옷과 신의 먼지를 털었다.

Link 마태복음 10:14

※디도 유스도(Titius Justus): 고린도에 사는 로마 시민이며, 그 외 알려진 것이 없다.

※내 백성: 하나님께서 구원하시려고 선택한 사람들.

tip 바울의 환상

여전히 유대인들의 방해가 있었지만, 바울의 열심으로 회당장 그리스보까지 복음을 받아들였다. 그것은 고린도의 유대인들에게 큰 충격을 줬을 것이다. 하지만 겉으로 보이는 성과와는 달리 바울의 고심은 깊었던 것 같다. 바울은 고린도에 있을 때 '두려웠다'라고 했다. 바울은 회당장까지 복음을 받아들이는 것을 본 유대인들이 음모를 꾸민다는 걸 알고 그곳을 떠나려고 했을지도 모른다. 그래서 주께서 환상에서 '무서워하지 마라'라고 하시고, '너와 함께' 하신다고 했는데 이 말씀은 주께서 하늘로 올라가시기 전에 하신 약속이기도 했다. 주님은 바울에게 이 약속을 일깨워 주시면서 오랜 선교 여행과 유대인들의 위협에 시달리던 바울에게 큰 힘과 위로를 주신다.

※두려웠다: Link 고린도전서 2:3 ※약속: Link 마태복음 28:20

※갈리오(Gallio): 정치가이자 철학자. A.D. 51년 아가야 지방의 총독이 되었다.
※아가야(Achaia): 고린도가 속한 그리스 반도의 남쪽 지방.

※회당장: 고린도에는 하나의 회당이 있었는데, 큰 회당이라 회당장이 여럿이 있었거나, 그리스보가 복음을 받아들이자 그의 후임으로 소스데네가 임명된 것으로 보인다.

tip 갈리오의 판결

갈리오의 결정이 그리스도교에 관한 호의라고 볼 수는 없지만 그리스도교에겐 아주 중요한 결정이다. 마케도니아에서 바울은 유대인으로 인해 많은 어려움을 겪었다. 그런 상황에서 아가야 지방의 총독인 갈리오가 유죄 판결을 내렸다면 다른 지방의 관리들도 영향을 받아 그리스도인들은 더 험한 고난을 겪었을 것이다. 그러나 이 결정은 결론적으로 그리스도인의 선교에 도움이 되었다.

안디옥으로 돌아가다

※시리아(Syria): 바울이 출발했던 안디옥이 시리아 지방에 있다.

※깎다: 바울은 위험한 고린도에서 나실인 서원을 했고, 그것이 끝나자 머리를 깎았다. 나실인은 머리를 깎을 수 없다. Link 민수기 6:2~21

※에베소(Ephesus): 소아시아 서부 해안에 위치한 상업 및 교통 중심지였다.
※머물게: 브리스길라와 아굴라를 에베소에 계속 머물게 한 것으로 보인다.

tip 에베소를 떠난 바울

에베소 유대인들의 호의에도 불구하고 바울은 에베소를 떠난다. 첫째, 바울은 오순절을 지키려고 예루살렘으로 서둘러 간 것이다. 둘째, 2차 전도 여행의 성과를 예루살렘 교회에 보고하기 위함이다. 셋째, 바울은 예루살렘 성전에서 자른 머리카락을 번제로 드리고 희생 제사를 드려서 자신의 서원을 지키려고 한 것이다. 한편 바울은 전도 여행을 마친 후엔 항상 예루살렘을 방문했다.

3차 전도 여행

※한동안: 갈리오가 아가야 총독으로 임명된 A.D.51년 7월, 에베소와 예루살렘을 거쳐 안디옥으로 돌아온 바울은 A.D.52년~53년 봄까지 안디옥에 머무른 것으로 보인다.

아볼로의 전도

※알렉산드리아(Alexandria): B.C.332년 알렉산더 대왕이 세운 이집트의 항구 도시. B.C.280년경 구약 성경의 헬라어 번역서인 70인역(LXX)이 만들어졌다.

tip 아볼로 Apollos

아볼로는 바울이 에베소에 잠시 머물다 떠난 후에 왔다가 바울이 다시 방문하기 전에 고린도로 떠난다. 그가 어디서 '주의 길'을 배웠는지는 알 수 없다. '주의 길'은 복음을 의미한다. 그가 세례 요한만 알고 있는 것으로 보아 아마도 요한의 어떤 제자를 통해 부분적인 복음을 배웠을 것이다. 브리스길라와 아굴라는 그에게 요한 이후의 복음을 전해 준다. 구약 성경에 밝았지만, 요한까지만 알고 있던 그에게 두 사람이 전해 주는 복음은 한 줄기 빛이 되었을 것이다. 그 후 그는 고린도로 가서 자신의 언변과 철학적 지식과 구약 성경으로 복음을 뒷받침하면서 유대인들을 공략했고, 후일 바울도 그를 높이 평가한다.

※후일: Link 고린도전서 3:5, 4:1

19장 에베소에서 전도하다

※윗 지방: 갈라디아 지방과 부르기아 지방을 가리킨다.

tip 에베소의 몇몇 제자

이 제자들은 요한의 세례만 알고 있었다. 에베소에 왔다가 고린도로 떠난 아볼라도 그랬다. 그들은 아마도 아볼라가 에베소에서 제대로 복음을 배우기 전에 그에게 배운 사람들로 보인다. 그들은 '성령'에 대해서도 듣지 못했다. 그것은 요한의 세례조차 제대로 이해하지 못했다는 뜻이다. 왜냐하면 요한 자신은 자신의 뒤에 오시는 분이 주시는 '성령과 불'의 세례를 사람들이 받도록 준비시키는 회개의 세례를 준다고 했기 때문이다.

※성령과 불: Link 마태복음 3:11

※오겠다고: Link 사도행전18:21

※두란노 서원(hall of Tyrannus): '두란노'에 대한 어원에 대해서는 알려진 바가 없다.

고린도전서 1CORINTHIANS

이즈음 바울은 그리스 최고의 무역, 상업 도시인 고린도의 교회에 대한 문제를 듣게 된다. 고린도는 수많은 이방인과 우상 숭배와 물질이 가득한 환락의 도시였으며, 당시 이방 지역에 세워진 교회들 중에서도 가장 시끄럽고 문제가 많았던 곳이었다. 바울은 고린도 교회에서 발생하는 문제에 대한 해결책을 편지로 써서 보낸다.

스게와의 일곱 아들

※대제사장: 대제사장을 사칭한 사람들로 보인다.

17 이 일이 에베소의 모든 유대인과 그리스인에게 알려지자 모두 두려워하면서 주 예수의 이름을 찬양했고, 믿게 된 많은 사람이 자기들이 한 일을 자백하고 뉘우쳤습니다.

19 또 헛된 마술을 부리던 많은 사람이 마술책을 모아 모든 사람 앞에서 불살랐습니다.

※은화: 화폐 단위는 그리스의 드라크마, 또는 로마의 데나리온으로 보인다. 이 둘의 가치는 비슷하며 1데나리온은 당시 노동자의 하루 품삯이다.

20 이렇게 해서 주의 말씀은 번성하며 힘차게 퍼져 나갔습니다.

tip 에베소의 미신

에베소는 소아시아 서해안에 있는 항구 도시로 각종 미신, 주술, 이방 종교가 넘쳐 났다. 그런 곳에서 이루어지는 바울의 선교에는 강력한 기적이 필요했다. 그러자 바울의 기적을 본 사람들이 그를 흉내 내기 시작했다. 예수님을 믿지 않는 사람들까지 그를 모방해서 예수님의 이름을 주술에 이용한 것이다. 하지만 그렇게 흉내를 내던 일곱 형제가 봉변을 당하는 것을 본 사람들은 크게 놀란다. 그들은 예수님의 이름이 모든 귀신 위에 있다는 것을 목격했다. 이에 에베소의 그리스도인들은 예수님을 믿으면서도 과거의 습성에서 벗어나지 못하고 미신과 주술을 쫓았던 것을 회개하고, 주술사와 마술사들은 자신들의 책들을 불태우며 그리스도인이 되었음을 선언한다.

에베소의 소동

21 그런 일이 있은 후, 바울은 마케도니아와 아가야를 거쳐 예루살렘으로 가기로 결정했습니다.

※구제금: Link 로마서 15:26, 31

22 바울은 자기를 돕던 디모데와 에라스도를 마케도니아로 보내고, 자기는 한동안 아시아에 더 머물렀습니다.

23 그 무렵, 주의 가르침 때문에 적지 않은 소동이 일어났습니다.

※디모데(Timothy): 고린도에서 만났는데 에베소에서 다시 바울과 합류한 것으로 보인다.
※에라스도(Erastus): 고린도에서 재정을 담당한 사람으로 디모데와 함께 온 것으로 보인다. Link 로마서 16:23

※아데미(Artemis): 에베소의 수호신이며 풍요와 다산을 주관한다고 믿었다.
※신전: 에베소 북동쪽 약 2.4km에 위치. 120m × 60m 크기로 고대 7대 불가사의 중의 하나였지만 A.D.262년 고트족에 의해 파괴되었다.

※내려온: 에베소 사람들은 아데미 여신상이 하늘에서 내려왔다고 생각했다.

※집회: 시의원들, 평의원들, 시민들이 참가해서 열리는 민회를 가리킨다.

tip 에베소의 소동

바울의 선교로 에베소와 아시아 지방으로 복음이 퍼져 나가면서 우상을 섬기던 사람들이 돌아선다. 이에 우상을 만들어 팔던 데메드리오는 자신의 이익이 줄어들자 사람들을 선동해서 소동을 일으켰다. 그는 소동이 커지자 슬그머니 사라졌다. 에베소의 서기장은 이번 사태가 커져서 문책당할 것을 걱정해 에베소 사람들의 자존심을 세워 주고, 에베소가 아데미 여신을 섬기는 중심지라는 사실을 강조하며 사람들을 진정시킨다. 서기장의 논리적인 연설로 사람들은 해산하고, 위기 상황은 보이지 않는 하나님의 섭리로 싱겁게 끝나 버리고 만다.

20장 마케도니아와 아가야 방문

고린도후서 2CORINTHIANS

바울은 마케도니아의 어떤 한 곳에서 디도를 만나 고린도 교회의 소식을 듣는다. 그곳의 문제는 고린도전서를 통해 대부분 해결되었지만 여전히 일부 불만 세력이 바울의 사도권에 대한 의문을 제기했다. 그것은 곧 바울이 전하는 복음에 대한 의문으로 이어지는 문제였다. 이에 바울은 고린도 교회의 거짓 제자들을 질책하며, 자신의 사도권의 정당성을 주장하는 편지를 써서 보낸다.

※그 지방: 그리스로 가는 길에 있는 마케도니아 지방의 빌립보, 데살로니가, 베뢰아 등과 일루리곤 지방을 가리킨다.

로마서 ROMANS

당시 로마에는 그리스도인이 된 유대인들로 인해 교회들이 생겨났고, 우상이 만연한 로마에서 여러 민족으로 구성된 교회는 많은 문제가 있었다. 바울은 A.D.57~58년에 걸친 겨울에 3개월 동안 고린도에서 지냈으며, 로마를 자신의 마지막 여정으로 생각하고 있었다. 이에 바울은 자신의 로마 방문을 예고하고, 하나님의 구원과 하나님의 자녀인 제자들의 바른 자세에 대해 편지를 써서 보낸다.

※우리: Link 사도행전 16:17 이후 다시 '우리'라고 한다. 사도행전을 쓴 '누가'가 합류했다.

※배를 타고: 빌립보에서 가까운 항구인 네압볼리로 가서 배를 탄 것으로 보인다.
※무교절: 출애굽을 기념하는 절기로 유월절이 끝나는 저녁부터 7일간이지만 당시엔 유월절과 함께 8일간 지낸 듯하다.

tip 7명의 동행

바울은 위험을 피해 배를 타지 않고 왔던 길을 되돌아가기로 한다. 그 배는 다가오는 유월절을 예루살렘에서 보내려는 많은 유대인이 타는 배였다. 육로로 되돌아가는 바울과 동행한 사람은 7명이다. 그들은 아시아 각 지방과 마케도니아와 그리스의 교회를 대표하는 사람들이다. 그들은 흉년으로 어려움에 처한 예루살렘 교회를 돕기 위한 구제금을 맡고 있었다. 바울은 초대 교회의 결정에 따라 그들에게 구제금을 맡긴 것이다. 그 구제금은 단순한 구제를 떠나 이방인과 유대인이 그리스도 안에서 한 형제가 됐다는 의미이기도 했다. 한편, 왜 7명만 먼저 드로아로 갔는지 정확지 않지만, 바울은 빌립보에서 누가와 합류하고 유월절을 지낸 뒤 드로아로 건너간다.

※흉년: Link 사도행전 19:21 ※결정: Link 사도행전 6:1~4

드로아에서 유두고를 살리다

※첫날: 일요일. 유대인의 안식일(토요일)과 달리 일요일에 예배를 드렸다는 첫 기록이다.
※나눠 먹으려고: 주의 성만찬을 기념하는 의식으로 보인다. ▶ Link 1권 131p tip '성만찬'을 보라.

※함께: Link 마태복음 28:20

바울의 고별 연설

※첫날부터: 바울이 3차 전도 여행에서 에베소에 도착한 날부터 **Link** 사도행전 19:1

※눈물: 복음을 거부하고 죄에서 벗어나지 못하는 사람들을 향한 연민의 눈물.

※집에서: 공적인 장소뿐만 아니라 집집마다 찾아가서 살피고 가르쳤다는 말이다.

tip 회개와 믿음

이것이 그리스도교의 핵심이다. 회개는 단지 후회나 뉘우침이 아니라 죄에서 완전히 돌아서 하나님께서 기뻐하시는 마음과 태도로 살아가는 것을 말한다. 누구든 구원을 얻기 위해서는 하나님께로 나오는 회개가 있어야 한다. 사람은 죄를 지은 상태에 있으며, 그 죄를 인정하고, 그 죄에서 떠나 회개해야 깨끗해질 수 있기 때문이다. 그 다음으로는 예수 그리스도를 믿어야 한다. 그는 모든 사람의 죄와 그에 따른 형벌을 자기 죽음으로 갚으셨고, 자신의 부활로 모든 사람에게 주실 생명 길을 여셨기 때문이다. 따라서 깨끗하게 하는 회개를 한 후, 예수 그리스도에 대한 믿음이 더해져야만 구원을 얻을 수 있다.

tip 내게는 책임이 없다

원문에는 '모든 사람의 피에 대해서 내가 깨끗하다'라고 되어 있다. 여기서 바울은 [에스겔 33:1~9]의 말씀을 빌려 말한다. 이스라엘의 파수꾼이 적을 보고도 나팔을 불지 않아서 백성이 죽는다면 그 책임은 파수꾼에게 있다. 하지만 파수꾼이 나팔을 불었는데도 그 경고를 무시하다가 백성이 죽는다면 파수꾼에게는 책임이 없다. 따라서 이 말은 바울이 하나님의 파수꾼으로서의 마지막 경고의 나팔까지 불어 모든 임무를 마쳤다는 것이다.

※목자: 장로, 목사, 감독 등을 의미하며 당시에는 이에 대한 구분이 없었다.
※자신의 피: 예수님의 피가 정확하겠지만 성부와 성자는 하나이기 때문에 같은 뜻이다.

※깨어서: Link 마가복음 13:35

tip 주님과 그 말씀에 맡기다

바울은 교회가 여러 어려움에 처할 것을 경고하면서 지도자들이 깨어서 이겨 나가길 촉구한다. 하지만 그는 그것만으로는 교회를 지킬 수 없다는 걸 알았다. 그는 마지막으로 주님과 그 말씀에 교회를 맡긴다. 주님은 교회의 머리이자 주인이시고, 그 말씀은 교회를 지켜주고 거룩하게 하시기 때문이다. 바울은 교회가 누구의 것이며, 무엇으로 거룩하게 될 수 있는지를 잘 알고 있었다.

※말씀: 복음서에 이 말씀은 없다. 바울은 복음서 전체에서 드러난 예수님의 사상을 표현했거나 복음서에는 기록되지 않은 말씀을 들었던 것으로 보인다.

tip 내 손으로 일해서

바울은 데살로니가와 고린도뿐만 아니라 에베소에서도 직접 일을 해서 생계를 해결했고 그의 일행까지 챙겼다. 그의 말이 모든 전도자가 스스로 생계를 해결해야 한다는 것은 아니다. 그는 당시 적대적인 자들에게 어떤 구실도 주지 않으려고 직접 일을 한 경우다. 오히려 복음을 전하는 자가 그 수고한 대가를 받는 것은 당연한 것이다. 바울은 직접 일을 하면서 선행한 것을 강조하기 위해 이 말을 한 것뿐이다.

※당연한 것: Link 마태복음 10:10 Link 고린도전서 9:14

21장 예루살렘으로

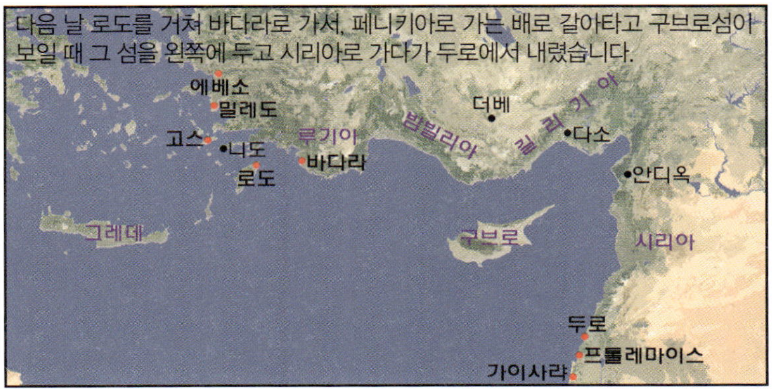

※제자들: 두로가 속한 페니키아는 스데반의 죽음 이후 흩어진 사람들로 인해 복음이 전해진 듯하다. Link 사도행전 11:19

※프톨레마이스(Ptolemais): 두로 남쪽 약 40km에 위치한 해안 도시로 구약 시대의 악고(Acco)와 같은 곳이다.

※빌립(Philip): 사마리아와 팔레스틴 서쪽 해안 쪽에 복음을 전했다. Link 사도행전 8:40

※아가보(Agabus): 바울이 안디옥에 있을 때 와서 A.D.46년의 흉년을 예언했다. **Link** 사도행전 11:28

※집에: 나손의 집은 예루살렘 성안, 또는 예루살렘 근처에 있었던 것으로 보인다.

tip 말리는 자들과 가려는 자

바울이 예루살렘에서 큰 고난을 당할 것이라는 것을 들은 사람들은 그를 향한 애정으로 그를 말린다. [4절]의 두로 사람들도 성령의 계시로 그를 말린다고 했지만, 성령은 큰 고난을 당할 것이라고 계시했을 뿐, 말린 것은 사람의 마음이다. 바울은 그들의 순수한 애정을 느꼈기에 마음이 찢어진다고 했다. 한편, 바울의 노력에도 불구하고 예루살렘 교회에서 유대인들과 이방인들 간의 벽은 여전히 존재했다. 이에 그는 이방 교회의 성금을 예루살렘 교회에 전해 주는 것이, 그리스도 안에서 유대인이나 이방인이나 모두 하나님의 백성으로 하나가 되는 데 중요한 역할을 할 것으로 판단한 듯하다.

※판단: **Link** 로마서 15:25~32

예루살렘의 야고보를 방문하다

※형제들: 바울과 그 일행들과 친분이 있는 일부의 제자들로 보인다.

※야고보(James): 예수님의 친동생 야고보로 예루살렘 교회의 중요한 위치에 있었다.

※스스로 맹세: 스스로 하나님께 약속하는 서원을 가리킨다. Link 민수기 30:2

※비용: 유대인들은 가난한 서원자를 위해 서원 기간이 끝나는 날 머리를 깎고 희생 제물을 드리는 비용을 대는 것을 아주 경건한 행위로 여겼다.

※결정: Link 사도행전 15:20

※날짜: 서원이 끝나는 날을 가리킨다.

tip 바울에 대한 소문

이 악의에 찬 헛소문의 진원지는 바울이 전도 여행을 다녔던 지역에 살던 유대교 전통에 철저한 유대인들로, 아마 바울의 이방 전도 내내 훼방을 놓았던 유대인들과 같은 부류일 것이다. 바울은 율법을 거룩하다라고 했으며, 율법의 긍정적인 역할도 인정했다. 또 바울은 할례를 금지하지 않았다. 그는 할례를 하든 안 하든 무방하다고 했으며, 디모데에게는 할례를 베풀기까지 했다. 이 사건은 예루살렘 초대 교회의 사람들조차 복음으로 주 예수를 믿는 사람은 율법에서 벗어난다는 것을 제대로 이해하지 못하고 있다는 것을 보여 준다.

※거룩하다: Link 로마서 7:12 ※인정했다: Link 갈라디아서 3:24
※무방하다: Link 고린도전서 7:18, 19 Link 갈라디아서 5:6
※베풀기: Link 사도행전 16:3

바울이 잡히다

※성전: '이스라엘의 뜰'로 이방인이 들어올 경우 사형에 처했다.

※드로비모(Trophimus): 바울의 3차 전도 여행에서 그와 함께 예루살렘으로 온 사람 중에 하나다. Link 사도행전 20:4

※천부장: 1천 명의 병사를 지휘하는 장교.

※요새: 로마군이 주둔하던 성전 북서쪽에 있는 요새.

※폭동: A.D.54년경 예언자라고 주장했던 한 이집트인이 사람들을 이끌고 광야로 나가 반란을 일으켰다.

※히브리 말: 당시 대부분의 디아스포라 유대인들은 히브리 말을 할 줄 몰랐다.

tip 아시아에서 온 유대인들

바울은 에베소에서 3년 동안 있었고, 드로비모는 에베소 출신이다. 아시아에서 온 유대인들은 바울뿐만 아니라, 바울과 함께 있던 드로비모도 알아봤다. 그들은 에베소의 유대인들로 오순절을 지내러 예루살렘에 왔을 것이다. 그들은 바울이 이스라엘 백성과 율법과 성전을 거슬렀다고 고발했다. 그들은 유대인들이 가장 중요하게 여기는 3가지로 바울에 대한 적개심을 자극했다. 소동이 벌어지자 로마군이 출동했다. 세계 곳곳의 유대인들이 예루살렘에 모이는 명절 때는 불의의 사태에 대비해서 가이사랴에 주둔하던 로마군이 예루살렘으로 왔다. 그들은 성전 북서쪽 안토니아 요새에 있었는데 그곳에서는 성전의 뜰을 한눈에 내려다보며 감시할 수 있었다.

22장 바울의 변호

※가말리엘(Gamaliel): 당대 최고의 율법학자로 백성들의 존경받았다. Link 사도행전 5:34

tip 하나님의 뜻과 예수님과 복음

아나니아는 하나님께서 바울에게 하신 3가지를 말한다. 첫째, 하나님의 뜻을 바로 알게 하셨다. 바울은 지금까지 잘못 알았던 하나님의 뜻을 수정해야 했다. 둘째, 의로우신 예수님을 바로 보게 하셨다. 유대인들이 죄인으로 십자가에서 죽인 그가 메시아셨다. 셋째, 예수님의 말씀을 듣게 하셨다. 그의 말씀은 복음이다. 이 3가지는 모든 그리스도인들이 반드시 기억해야 할 사항이다. 또 아나니아는 주의 이름으로 세례를 받는 것이 죄를 씻는 것이라고 했다. 세례는 주의 이름으로 이루어져야 하고 그럴 때만 죄가 씻어진다.

17 '그 후, 제가 예루살렘으로 돌아와 성전에서 기도하는 중에 환상에 빠졌습니다.'

21

tip 바울의 변호

바울은 유대인들을 자극하지 않고 공감대를 형성하기 위해 조심스럽게 말을 시작한다. 그는 처음부터 히브리 말로 유대인들의 시선을 집중시켰고, 자신이 율법에 밝은 유대인임을 강조했다. 자신이 만난 아나니아를 '경건한 사람'으로 표현했고, '우리 조상의 하나님'께서 자신을 선택했다고 했다. 하지만 바울의 조심스러운 노력은 수포로 돌아가고 만다. [17~21절]은, 이스라엘의 하나님께서 바울을 선택하셨고, 구원받을 수 없는 유대인들을 버리고 이방인을 선택하셨다는 것이다. 이방인을 무시하고, 선택된 민족이라는 우월 의식을 가지고 있던 유대인들은 그 자부심이 짓밟히자 폭발한다.

※그 후: 바울이 예수님을 만난 후 첫 예루살렘 방문 때로 보인다. Link 사도행전 9:26

※성전에서: 거룩한 성전에서 계시를 받았다는 것은 그 계시의 진정성을 확증한다.

바울과 천부장

22 여기까지 바울의 말을 듣고 있던 사람들이 소리를 지르며, 옷을 벗어 던지고 먼지를 뿌렸습니다.

24 천부장은 바울을 병영 안으로 데려갔습니다.

25 병사들이 가죽으로 묶으려고 하자 바울은 곁에 있던 백부장에게 말했습니다.

tip 로마 시민

로마 시민은 제국 어디서나 로마법의 보호를 받았고, 재판으로 유죄가 확정되기 전에 매질은 금지되었다. 이를 어기면 엄격한 처벌을 받았고, 각 지방에서 부당한 일을 당한 로마 시민은 로마 법정에서 황제의 직접 재판을 요구할 수도 있었다. 한편, 로마법에 따르면, 고소인이 있어야 피고인을 심문할 수 있다. 이에 천부장은 산헤드린 공회를 소집한다. 그는 바울이 로마 시민임을 알고부터는 공식적인 절차에 따라 조심스럽게 이 문제를 다룬다.

23장 공회에 선 바울

※아나니아(Ananias): A.D. 48~58년까지 대제사장이자 산헤드린 의장으로 탐욕스럽고 교활했으며, 66년의 유대 전쟁 때 살해된다.

※회칠한: 칠을 해서 겉은 깨끗하지만 속은 썩어 있는 상태를 가리키며 위선자를 뜻한다.
※어기고: 재판은 공정하게 진행되어야 한다. Link 레위기 19:15
※기록: Link 출애굽기 22:28

6 그런데 바울이 보니, 공회원들의 한 무리는 사두개파요, 다른 무리는 바리새파였습니다.

7 바울의 이 말에 바리새인들과 사두개인들이 서로 나눠져 다투었습니다.

8 사두개인은 부활도 천사도 영도 없다고 하고, 바리새인은 그것을 다 인정하기 때문입니다.

▶ Link 1권 22p tip '분리된 종파'를 보라.

9 그래서 큰 소동이 일어났고, 바리새인 율법 교사들은 바울 편을 들었습니다.

10 싸움이 커지자 천부장은 바울이 해를 당할까 봐 병사들에게 말했습니다.

11 그날 밤, 주께서 바울 곁에 서서 말씀하셨습니다.

tip 바리새파 Pharisees, 사두개파 Sadducees

유대교의 대표적인 이 두 분파는 신학적인 견해차로 첨예하게 대립하면서도 권력을 양분하는 사이였다. 제사장들로 구성된 사두개인들은 로마와 결탁하고 성전을 장악하면서 부유하게 살았기 때문에 현실 지향적이고, 이익에 민감했으며 사후 세계, 부활, 천사, 마귀를 믿지 않았다. 율법 교사들로 구성된 바리새인들은 율법을 철저하게 준수하고 경건하게 살았으며, 사두개인들과는 달리 부활과 영적인 것을 믿었다. 바울은 자신이 궁지에 몰리자 그들의 해묵은 논쟁을 불러일으킨다. 혹자는 이것을 정당하지 못한 이간질이라고 보기도 하지만 결과적으로 바울은 거짓을 말하지 않았고, 이에 따라 위기에서 벗어나 로마로 향하게 된다. 한편 바리새파의 부활은 예수님의 부활을 믿는다는 것이 아니라 예부터 내려온 그들의 신앙일 뿐이다.

사도행전

바울을 죽이려는 음모

※아들: 바울이 바리새인 집안이므로 그는 예루살렘에 자리를 잡은 바리새인으로 보인다.

가이사랴로 호송되다

※가이사랴(Caesarea): 예루살렘 북서쪽 약 90km에 위치한 팔레스틴 지역의 중심 도시로 로마 총독부가 있었다.

※벨릭스(Felix): A.D.52~60년까지 유대 총독. 노예였다가 총독까지 오른 인물로 탐욕스럽고 잔인한 폭군으로 평가된다.

※안디바드리(Antipatris): 예루살렘 북서쪽 약 50km에 위치. 구약 시대의 '아벡'을 가리킨다.

※출신: 출신지가 황제가 직접 통치하는 곳인지 지방 총독이 통치하는 곳인지에 따라 바울의 재판을 맡을 곳이 달라질 수 있었다.

※왕궁: 가이사랴는 헤롯 대왕(B.C.37~4년)이 로마 황제를 위해 지었으며 그때 지은 왕궁은 로마 총독이 머물며 군대가 주둔했다.

tip 천부장의 편지

천부장이 총독에게 보낸 편지에는 허위 보고가 포함되어 있다. 천부장은 바울이 로마 시민인 것을 알고 구했다고 했지만, 그는 바울을 구하고 난 후에 로마 시민인 것을 알았다. 그는 로마 시민을 재판도 없이 체포하고 채찍질하려 했다는 사실을 숨기길 원했다. 그래서 그 사실을 숨기거나 왜곡했다. 또한 그는 [28절]에서 자신이 사실을 규명하기 위해 최선을 다했다는 것을 강조하고, [29절]에서는 바울은 율법의 문제일 뿐 죄가 없다고 한다. 이것은 아가야 지방의 총독 갈리오가 유대인들의 고발을 율법의 문제라는 이유로 거부했던 것과 같다. 천부장도 나름대로 사태의 본질을 정확히 보고 있었다.

※거부했던: Link 사도행전 18:15

24장 벨릭스 총독 앞에 서다

※변호사: 유대법과 로마법에 대한 지식을 갖추고 언변이 뛰어난 사람이다.

※벨릭스(Felix): A.D.52~60년까지 유대 총독. 노예였다가 총독까지 오른 인물로 탐욕스럽고 잔인한 폭군으로 평가된다.

※나사렛이라는(Nazarenes): 나사렛파, 나사렛당이란 말로 '나사렛 예수'에서 유래되어 예수를 따르는 무리를 가리키는 표현으로 사용되었다.

13 '지금 저들이 저를 고발하지만, 저들은 아무런 증거도 댈 수 없습니다.'
그럼 증거는?
얘가 있겠지.
얘가 있다는 소문이…
14 '그러나 저는 각하께 이 사실을 고백합니다. 저는 저들이 이단이라는 예수의 가르침에 따라 우리 조상의 하나님을 섬기고, 율법과 예언서에 기록된 모든 것을 믿는다는 사실입니다.'
이사야
다윗
모세
아브라함
스바냐
아모스
예레미야
율법
예언
※우리 조상의: 그 가르침은 유대교와 동일한 하나님을 섬기니 로마의 보호를 받는 합법적인 종교라는 것이다.
15 '또한 저들이 하나님에게 소망을 가지고 기다리고 있는 것처럼 저 또한 그렇습니다. 그것은 의인이든 악인이든 모두 부활할 것이라는 소망입니다.'
하나님의 심판
부활했다고 끝이 아니네.
'그래서 전 언제나 하나님과 사람들 앞에서 양심에 거리낌이 없으려고 애씁니다.'
16 '저는 제 민족에게 구제금을 전하고, 하나님께 예물을 바치려고 여러 해 만에 고국으로 돌아왔습니다.'
그런 제가 하루 만에 뭘 했겠습니까?
※모두: 예수님께서도 의인과 악인의 부활에 대해 말씀하신 적이 있다. Link 요한복음 5:29
18 '저는 사람들도 모으지 않았고, 소동도 일으키지 않았으며 다만 성전에서 정결 의식을 지냈을 뿐입니다.'
그걸 본 증인도 많죠.
'그 자리에는 아시아에서 온 어떤 유대인들이 있었는데,'
'만약 저를 고발할 일이 있었으면 당연히 그들이 각하께 고발했을 것입니다.'
드디어 고향이다.
증거가 없으니 튀었겠지만.
20 '또 제가 공회에 끌려갔을 때, 무슨 잘못을 찾아냈는지 이들에게 말하라고 해 보십시오.'
뜨끔
21 '고작 제가 저들 가운데 서서'
내가 죽은 사람들의 부활에 대해 말했기 때문에 오늘 당신들에게 심문을 받습니다.
'이렇게 외친 한 마디만 있을 뿐입니다.'
그랬더니 지들끼리 열심히 싸웠지요.

※알고: 벨릭스는 통치자로서 종교적인 문제를 파악했거나 유대인 아내의 영향이거나 가이사랴의 전도자 빌립의 영향으로 알고 있었던 듯하다.

tip 더둘로의 고발과 바울의 변호

더둘로의 고발은 탐욕스럽고 잔인하다고 평판이 난 총독 벨릭스에 대한 아첨으로 시작한다. 그는 [5절]에서 바울을 정치적인 반역죄로 고발한다. 로마는 반역에 대해서는 엄격했으며 예수님도 반역죄로 고발되었다. 이에 바울은 자신의 일은 종교적인 이유로 악의적으로 무고한 고발임을 설명한다. 총독은 충분히 사실 관계를 파악했겠지만 결정을 미룬다. 천부장 루시아가 이미 편지로 바울이 무죄라고 했고, 바울을 자유롭게 두라는 것은 그 자신도 바울의 무죄를 인정한다는 뜻인데 말이다. 그는 혹시 있을지 모를 문제에 대비하고, 고발한 유대인들의 감정을 고려하고, 바울에게 뇌물을 받으려는 의도가 있었던 것으로 보인다.

※편지로: Link 사도행전 23:29

바울을 가두어 두다

※보르기오 베스도(Porcius Festus): A.D.60~62년까지 유대 총독. 유능하고 성실했으며 공정했다고 알려져 있다.

tip 벨릭스와 드루실라 Drusilla

드루실라는 벌레에게 죽은 헤롯 아그립바 1세의 딸이자 갈릴리의 분봉 왕인 헤롯 아그립바 2세의 누이다. 그녀는 어린 나이에 벨릭스와 세 번째 결혼을 했으며, 벨릭스는 이미 두 명의 아내가 있었다. 바울과의 만남은 예수 그리스도에 관심이 많았던 그녀가 원했다고 한다. 한편, 벨릭스는 유대인과 그리스인 간의 가이사랴 내전에서 유대인들의 재산을 약탈하고, 투옥하고, 죽였다. 이에 유대인들이 로마에 직접 항의했고, 그는 관직을 박탈당하고 로마로 압송된다.

※죽은: Link 사도행전 12:23

25장 황제에게 상소하다

※대제사장: 이때의 대제사장은 파비의 아들 이스마엘이었다.

사도행전

tip 황제에게 상소하다

신임 총독 베스도는 유대 지역을 원만하게 통치하기 위해서 유대 지도자들의 협조가 필요했다. 당시에는 총독에 대한 문제를 주민들이 직접 황제에게 고발할 수 있었는데, 그것은 총독에게 정치적으로 치명적인 결과를 가져오기도 했다. 이에 베스도는 그들의 환심을 사려고 바울에게 예루살렘행을 제안한다. 바울은 자신의 예루살렘행이 무엇을 의미하는지 잘 알고 있었다. 게다가 로마 시민은 지방 총독의 판결에 불복해서 황제에게 직접 재판을 받을 수 있는 권리가 있었다. 베스도는 바울이 황제에게 상소하자 내심 기뻐했을 것이다. 이제 그는 이 불편한 재판을 황제에게 떠넘김으로써 모든 책임에서도 벗어나게 되었다. 한편, 당시(A.D.60년경)의 로마 황제는 폭군으로 알려진 네로(A.D.54~68년)였다.

총독 베스도와 아그립바 2세

※아그립바(Agrippa): 헤롯 아그립바 1세의 아들이자 갈릴리의 분봉 왕 헤롯 아그립바 2세다.
※버니게(Bernice): 헤롯 아그립바 1세의 딸이자 헤롯 아그립바 2세의 누이이며, 드루실라의 언니다.

tip 헤롯 아그립바 2세 Herod Agrippa II

아그립바 왕이란 벌레에게 먹혀 죽은 헤롯 아그립바 1세의 아들 헤롯 아그립바 2세를 말한다. A.D.44년 그의 아버지가 죽었을 때 불과 17세였기 때문에 유대 지역은 로마 총독이 통치했다. 하지만 A.D.50년경 로마의 글라우디오 황제(A.D.41~54년)에 의해 페니키아(칼키스)의 분봉 왕이 되었고, 뒤이어 헤롯 빌립 2세가 다스리던 갈릴리 동쪽 지방도 통치했으며, 유대 대제사장의 인사권과 성전의 관리 권한까지 얻으면서 유대 지역에도 큰 영향력을 행사했다. 또한 그는 네로 황제(A.D.54~68년)에 의해 갈릴리 지방까지 통치했다. 한편 버니게는 헤롯 아그립바 1세의 딸이자 아그립바 2세의 누이였으며 전임 총독 벨릭스의 아내 드루실라의 언니였다. 아그립바 2세와 버니게가 동거한다는 소문으로 유대인들의 손가락질을 받았다.

※죽은: Link 사도행전 12:23

아그립바 2세 앞에 서다

tip 아그립바 2세 앞에 선 바울

총독 베스도는 유대인의 종교적인 문제로 골치가 아파 전통적으로 유대 지역을 통치해 온 헤롯 가문의 아그립바 2세의 의견을 구하고자 했다. 하지만 바울의 항소는 승인되었고 재판은 끝났다. 이것은 재판이 아니라 청문회였고, 덕분에 바울은 그 지역 최고의 권력자들 앞에서 복음을 전할 기회를 가진다. 여기서 천부장 루시아, 전임 총독 벨릭스에 이어 베스도도 바울이 무죄라고 했다. 그렇지만 바울은 번번이 석방되지 못하고, 그 이해되지 않는 상황이 결국 바울을 로마로 향하게 하고 있다.

※로마로: Link 사도행전 23:11

26장 아그립바 2세 앞에서 변호하다

※약속: 메시아의 부활은 하나님이 이스라엘 조상들에게 하신 약속이다.

※여러분 : 바울의 발언을 보면, 아그립바 2세 외에 다른 유대인들도 함께 있었다는 걸 알 수 있다.

※외국의 성: 다마스쿠스를 가리킨다.

※보여 줄 일: Link 사도행전 16:9, 18:9, 22:18, 23:11, 27:24

tip 가시 돋친 채찍

원래는 '신에게 대적하는 것은 무모하다'라는 뜻으로 당시 널리 알려진 속담이다. 가시 돋친 채찍은 농경 사회에서 소나 말을 길들이려고 사용하던 도구다. 즉, 소나 말이 사람에게 반항해서 뒷발질할수록 더 심한 매질로 고통을 당한다는 뜻이다. 이 속담을 들어, 예수님은 하나님에게 대적하는 바울의 무모함과 어리석음을 꾸짖고, 바울은 자신이 그리스도의 사도가 된 것은 거부할 수 없는 하나님의 명령이라고 한다.

※행동: 하나님께서 기뻐하시는 마음과 태도로 살아가는 것. Link 갈라디아서 5:22, 23

※예언자들과 모세: 구약 성경 전체를 가리킨다.

※고난: 유대인들은 옛 유다 왕국의 영광을 재건할 정치, 군사적 영웅인 메시아를 기다렸기 때문에 고난받고 죽임을 당하는 메시아는 받아들일 수가 없었다.

tip 복음의 씨앗을 뿌리는 바울

앞서 유대인 지도자들의 고발에서 바울에게 정치적인 문제는 없는 것으로 결론이 났다. 이제 바울은 종교적인 문제만 집중하면 된다. 그는 유대인들에게 종교적으로는 성전을 모독했다고 고발당했다. 이에 자신이 유대인 중에서도 가장 엄격하게 율법을 지키는 바리새인이며, 예수 그리스도의 부활을 목격하고 사명을 받아 이방인에게 복음을 전했고, 곧 그것이 유대인들이 자신을 죽이려는 진짜 이유라고 밝힌다. 아그립바 2세는 이방인을 무시하고 선택된 민족이라는 우월 의식에 빠진 유대인들을 잘 알았다. 이로써 아그립바 2세는 성전 모독이라는 죄목 뒤에 숨겨진 진실을 알게 되었다.

※앞서: Link 사도행전 25:7 ※고발당했다: Link 사도행전 24:6

※예언자들: 구약의 예언을 믿으면 당연히 예수 그리스도와 부활을 믿어야 한다는 뜻이다.

tip 헤롯 아그립바 2세의 판결

바울은 자신을 미쳤다고 말하는 총독 베스도에게 긴 말을 하지 않는다. 대신 성전의 관리 권한과 대제사장의 인사권을 가지고 유대인들에게 큰 영향력을 행사하는 아그립바 2세에게 초점을 맞춘다. 그는 예수님의 삶과 죽음과 부활과 제자들의 복음에 관한 이야기를 알고 있었을 것이나, 바울의 '예언자들을 믿느냐'라는 질문에 정확한 답을 회피한다. 유대인들을 의식해서 믿는다고 할 수도 없고, 성전의 책임자로서 믿지 않는다고 할 수도 없었을 것이다. 끝으로 바울은 그 지역 최고의 권력자들을 복음으로 초대하면서 말을 마치고, 아그립바 2세도 바울의 무죄를 선언한다.

27장 로마를 향해서

※우리: 바울이 3차 전도 여행에서 돌아올 때 누가도 함께 돌아왔다. Link 사도행전 21:1
※아구스도(Augustus): 로마 초대 황제 아우구스투스의 이름을 딴 부대를 말한다.
※아리스다고(Aristarchus): 바울의 3차 전도 여행에서 이방 지역의 구제금을 가지고 온 7명 중에 하나다. Link 사도행전 20:4

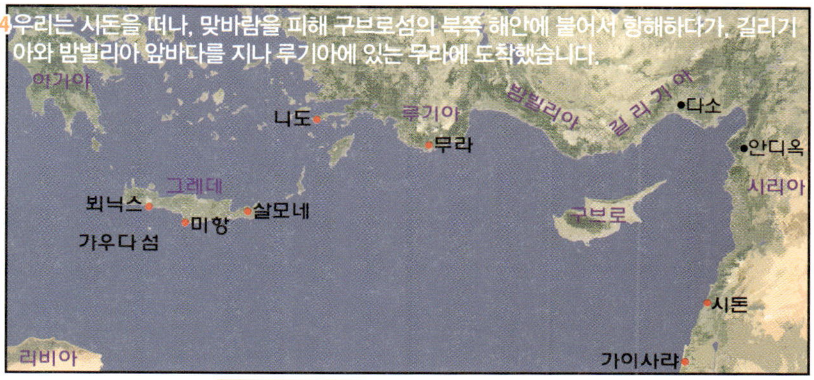

※친구들: 스데반의 순교 이후 예루살렘을 떠나 시돈에 정착한 그리스도인들로 보인다. Link 사도행전 8:1

※알렉산드리아(Alexandria): 이집트 북부 지중해의 항구 도시. 당시 로마는 이집트의 곡창지대에서 많은 식량을 수입했다.

※미항(Fair Havens): '아름다운 항구'라는 뜻. 라새아 성은 미항에서 동쪽 약 8km에 위치한다.

※금식 기간: 그해의 대속죄일인 10월 5일을 가리키며 시기적으로 겨울로 접어드는 때다.

tip 율리오의 친절

시돈에서 백부장 율리오는 짐을 옮기는 동안에 바울이 친구들과 지내도록 친절을 베풀었고, 이후 [43절]에서도 바울을 다른 죄수와 다르게 대하는 것을 볼 수 있다. 이는 총독 베스도의 지시로 보인다. 누가와 아리스다고가 바울과 동행하는 데는 총독의 허락이 있어야 가능하기 때문이다. 또 율리오는 바울의 언행과 두 사람의 동행이 시중드는 것도 감안했을 것이다.

폭풍을 만나다

※유라굴로(Euraquilo): 강력한 동북풍으로 지중해의 폭풍 중의 한 종류.

※거룻배: 비상시에 사용하기 위해 큰 배가 끌고 다니는 작은 배. 폭풍을 만나면 배에 부딪힐 위험이 있어서 끌어 올렸다.

※아드리아(Adriatic): 이탈리아와 그리스(발칸반도) 사이의 바다를 말한다.

※곡식: 로마로 운송하던 곡식들까지 모두 버린 것으로 보인다.

tip 고난 가운데 믿음

그 배에는 절망적이고 끔찍한 고난이 덮쳤고, 모두 희망을 잃었다. 그때 유일하게 희망을 말한 사람은 바울이었다. 그는 모두에게 희망을 전했고 용기를 잃지 않도록 했다. 그런데 그에게 희망을 주신 분은 하나님이셨다. 그는 하나님을 믿었기에 절망 가운데서도 희망을 전할 수 있었다. 하지만 다른 사람들은 그가 말하는 하나님의 말씀을 쉽게 믿지 않았다. 심지어 위급한 상황이 진정되고, 희망이 보일 때도 선원들은 거룻배를 타고 달아나려고 했다. 결과적으로 다음 날 모든 사람이 육지에 올랐고 하나님의 약속은 이루어졌다. 그리고 그들 중에는 바울의 하나님에게 깊은 관심을 가지는 사람이 있었을 것이다.

※하나님의 약속: Link 사도행전 27:24

28장 멜리데섬에서

※멜리데(Malta): 시칠리아섬 남쪽 약 90km에 위치한 지금의 몰타섬이다.

3 그때 바울이 나뭇가지를 모아 불에 넣자 뜨거운 열기 때문에 독사 한 마리가 튀어 나왔습니다.
앗!
쉭
4 원주민들은 그것을 보고 말했습니다.
이 사람은 분명히 살인자다!
바다에서는 살았지만 정의의 여신은 살려 두지 않는다!
5 그런데 바울은 뱀을 불 속에 버리고 전혀 다치지 않은 것처럼 보였습니다.
왜 멀쩡하지?
기다려 봐. 곧 죽을 거야.
6 원주민들은 그가 붓거나 당장 쓰러져 죽을 거라 생각하면서 기다렸지만,
죽는다. 죽어라. 죽어야 해.
한참 기다려도 아무 이상이 없자 생각을 바꾸었습니다.
그는 신이다!
신이 함께 하는 자다!
7 그 근처에는 섬의 지도자인 보블리오의 농장이 있었고, 그는 우리를 그리로 초대해서 3일이나 머물도록 친절을 베풀었습니다.
8 그런데 보블리오의 아버지가 열병과 이질에 걸려 있는 것을 본 바울은,
그에게 손을 얹고 기도해서 낫게 했습니다.
9 그런 일이 일어나자 섬에서 다른 병자들도 찾아와서 낫게 되었습니다.
10 그들은 우리를 극진하게 대접했고, 우리가 떠날 때는 필요한 것까지 배에 실어 주었습니다.

tip 그는 신이다

바울이 독사에게 물리자 원주민들은 그가 신의 심판을 받았다고 생각했지만 시간이 지나도 그에게는 아무런 이상이 생기지 않았다. 이에 원주민들은 바울을 '신'이라고 했다. 그러나 루스드라의 사람들이 바울을 신으로 경배했던 것과는 달리 그들은 바울을 신으로 경배하지는 않았다. 그들이 바울을 '신'이라고 했던 것은 바울이 '신의 은총을 받는 자'라는 뜻이었을 것이다. 한편, 이 사건으로 예수님께서 제자들에게 '뱀을 집어도 해를 입지 않을 것이다'라고 하신 말씀이 이루어졌으며, 바울 한 사람으로 인해 275명이 무사히 폭풍에서 벗어나 안전하게 겨울을 날 수 있게 됨으로써 하나님의 약속이 이루어졌다.

※경배했던: Link 사도행전 14:12 ※하신 말씀: Link 마가복음 16:18

로마에 도착하다

11

※3개월: 당시의 선박들은 일반적으로 겨울철 3개월 동안은 항해를 하지 않았다.

12
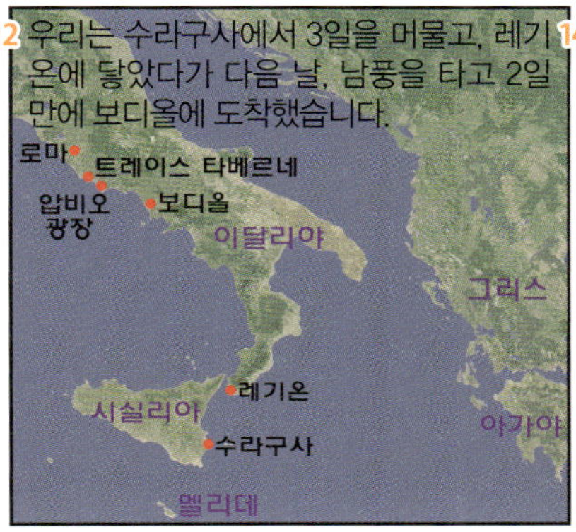

14

15

16

※세 여관(Three Taverns): 성경에 따라 '삼관', '트레이스 타베르네' 등으로 표기한다.

tip 한 병사와 함께 지내도록

드디어 바울은 그토록 고대하던 로마에 도착했다. 로마는 바울이 오고자 했던 곳이고, 주께서도 바울에게 사명을 주신 곳이다. 바울은 자신을 지키는 한 병사와 지내게 되었다. 그것은 감옥에 갇히는 것보다 가벼운 조치였다. 아마도 총독 베스도의 긍정적인 보고와 호송 기간 동안 많은 일을 함께 겪었던 백부장 율리오가 영향을 미쳤을 것이다. 바울은 다른 사람들을 초대할 수 있을 만큼 비교적 자유롭게 지내게 된다.

※오고자: Link 사도행전 19:21
※사명을 주신: Link 사도행전 23:11, 27:24

로마의 유대인 지도자들

17

19

※소망: 죽은 자의 부활에 대한 소망. 즉 바울은 예수 그리스도의 부활로 그 소망이 이루어졌다고 말했기 때문에 고난을 받고 있다.

21

※종파: 그리스도교를 가리키며, 유대교의 여러 종파 중에 하나로 생각하고 있다.

tip 로마의 유대인들

유대인들은 하스몬 왕조(B.C.142년~63년) 때부터 로마에 살았고, B.C.63년 하스몬 왕조를 멸망시킨 폼페이우스는 많은 유대인을 로마로 끌고 왔다. 그리고 로마에서 유대인들을 추방(A.D.49년)했던 글라우디오 황제가 A.D.54년 죽자 유대인들은 다시 로마로 돌아왔다. 바울이 로마에 도착한 때는 A.D.61년경이다. 바울은 로마의 유대인들의 생각을 알고, 불필요한 오해를 막고, 복음도 전하기 위해 그들을 초대한다. 그러나 로마의 유대인들은 바울에 대해 전혀 아는 것이 없다고 한다. 하지만 그들은 조심스럽게 그렇게 말한 것으로 보인다. 왜냐하면 로마와 유대 지역은 정기적인 왕래가 있었다. 또한 유대의 절기 때는 곳곳의 유대인들이 예루살렘으로 모인다. 게다가 바울은 아시아, 마케도니아, 아가야 등지에서 유대인들과 많은 문제를 일으켰고, 그것도 그들의 가장 큰 관심사인 종교적인 문제였다. 그런데도 그들이 바울을 모른다고 한 것은 증거도 없이 분란을 만들고 싶지 않았기 때문일 것이다. 그들은 글라우디오 황제 때 그리스도인들과의 분란으로 로마에서 추방된 경험을 기억하고 있었다.

로마에서 전도하다

23 그들은 만날 날짜를 정했고, 그날이 되자 많은 사람이 바울의 숙소로 왔습니다. 바울은 아침부터 저녁까지, 하나님 나라를 가르치고 증언했으며, 모세의 율법과 예언자의 글을 들어 예수에 대해 설득했습니다.

24 그들 중에 그의 말을 믿는 사람도 있고, 믿지 않는 사람도 있었습니다.

25 그들이 서로 의견이 엇갈린 채 흩어지려 할 때,

※말씀: 유대인들이 고집스럽게 눈과 귀를 막고 하나님 말씀을 듣지 않는다는 걸 강조하는 표현이다. Link 이사야 6:9, 10

26 너희가 듣기는 들어도 깨닫지 못하고, 보기는 보아도 알지 못할 것이다!
이 백성들은 마음이 둔해져서 귀가 먹고 눈이 감기어 있다!
그것은 그들이 눈으로 보고, 귀로 듣고, 마음으로 깨달아서
내게 돌아와 고쳐질지 걱정이기 때문이다!

28

30 바울은 자기가 얻은 집에서 2년을 지내면서 찾아오는 모든 사람을 맞이했습니다.

※얻은 집: 빌립보 교회 등에서 도움을 받은 것으로 보인다. Link 빌립보서 4:18
※모든 사람: 대부분 이방인들로 짐작된다.

31 그는 어떠한 방해도 받지 않고, 담대하게 하나님 나라를 전하고, 주 예수 그리스도에 대해 가르쳤습니다.

※방해: 예루살렘에서는 많은 방해를 받았지만 로마에선 방해가 없었다. 당시 세계의 중심인 로마에서 이방인들에게 성공적으로 복음이 전해졌다는 것이다.

tip 로마의 바울

바울은 2년 동안 가벼운 구금 상태로 있었다. 이는 그동안 제대로 재판이 열리지 않았다는 의미다. 로마 법정의 고소 사건의 만료 기간은 18개월이다. 바울을 고소한 유대인들은 정확한 증거도 없고, 승산도 없는 재판을 위해서 로마 법정까지 오지는 않았을 것이다. 게다가 그 상태로 재판했다가 오히려 자신들이 무고죄로 처벌받을 수도 있다. 결과적으로 바울은 적대적인 유대인들로 인해 로마까지 오게 되었고, 구금된 상태가 오히려 어떠한 방해도 없이 복음을 전할 좋은 기회가 되었다. 그것으로 바울이 로마에서도 예수님의 일을 증언할 것이라는 말씀이 이루어졌다. 바울은 2년 후인 A.D.63년에 무죄 판결을 받고 석방된다.

※말씀: Link 사도행전 23:11

옥중서신

- 에베소서, 빌립보서, 골로새서, 빌레몬서

●바울 Paul

히브리 명은 '사울', 로마 명은 '바울'이다. 베냐민 지파 출신으로 길리기아의 다소에서 태어났으며, 로마 시민권자이다. 산헤드린 공회의 공회원으로 추정하며, 당대 최고의 유대 학자인 가말리엘 문하에서 교육을 받은 철저한 바리새인으로 그리스도인을 박해하는 데 앞장섰다. 그는 다마스쿠스로 가던 길에 예수 그리스도를 만나 이방인을 위한 사명을 받고 로마 제국 전역에 복음을 전한다.

그들의 고소로 바울은 비용도 들이지 않고, 많은 병사의 호위를 받으면서 로마에 왔어.
고맙다고 기프티콘이나 하나씩 날려 줘야겠다.
무식한 유대인들이 하나님의 계획을 어떻게 알겠어?
누가 내 욕을 하나…?
에취
로마에 온 바울은 A.D.61~63년의 2년 동안 가벼운 구금 상태로 지내게 돼.
날 고소한 유대인들이 나타나지 않으니.
우리가 억지를 부린 건데 무슨 증거가 있겠어?
우리는 질 게 뻔한 재판을 받으러 로마까지 갈 멍청이가 아냐.
바울은 이 기간에 찾아오는 많은 사람을 만나 복음을 전하는 한편,
아무 방해도 받지 않고 전도할 수 있어서 오히려 더 잘됐지, 뭐.
혼란한 이방 지역에서 어려움에 처한 초기 교회들을 위해 4편의 편지를 써.
이를 흔히 옥중서신이라고 하지.
그 편지들은 그리스도교의 중요한 교리와 그리스도인의 자세를 다룬 것으로,
빌립보서
골로새서
빌레몬서
에베소서
여러 세력들에게 핍박과 위협을 받으며,
유대주의자
이단
이방 종교
혼란했던 초기 교회를 격려하고 나아가야 할 방향을 제시하고 있어.
바울 사도의 표시야.
이쪽으로 가자.
그럼, 구금된 내가 어떤 말을 했는지 편지를 읽어 보자고.
남의 편지를 읽어 보는 건 실례인데….
헤헷

옥중서신

1. 에베소서
1장 인사
1 하나님의 뜻으로 그리스도 예수의 사도 된 바울이 에베소의 성도들과 그리스도 예수의 믿음 안에 있는 이들에게 편지를 씁니다.
드로아
무시아
그리스
아시아
에베소
아덴(아테네)
골로새
밀레도
※성도(saint): '거룩하다'는 뜻. 하나님의 백성으로 그리스도를 믿는 사람들을 가리킨다.
2 우리 아버지 하나님과 주 예수 그리스도의 은혜와 평화가 여러분에게 있길 바랍니다.
그리스도를 통한 축복
3 우리 주 예수 그리스도의 아버지이신 하나님께서 그리스도 안에서 우리에게 하늘에 속한 모든 영적인 복을 주셨고,
내 안에서.
4 세상을 창조하시기 전에 그리스도 안에서 우리를 선택하셔서 하나님 앞에서 거룩하고 흠이 없게 하셨습니다.
오로지 하나님께서 선택하신 거야.
성령으로 거듭나게 하시려고.
5 이는 하나님이 기뻐하시는 뜻대로 예수 그리스도를 통해 우리를 자녀로 삼기로 예정하셨다는 것입니다.
우리가 하나님, 예수님과 한 가족?
자녀가 되니 상속에 대한 권리도 생기고.
6 또 하나님이 자신의 사랑하는 아들 안에서 우리를 받아 주신 것은,
나만 이 문을 통과해서 입양 서류를 하나님께 전달할 수 있어.
생체 인식이라.
그분의 영광스러운 은혜를 찬양하게 하시려는 것이기도 합니다.
하나님의 은혜로 좋은 가문의 자녀가 되었으니 찬양해야지.
7 우리는 하나님의 풍성한 은혜를 따라 그리스도 안에서 그의 피로 죄를 용서받았는데,
저 죄인들의 죗값은 내 피로 치를게.
8 그것은 하나님이 우리에게 모든 지혜와 총명을 넘치게 하시고,
풍성한 은혜가 너무 과하시네.
이걸로 참과 거짓을 잘 구분할 거야.
지혜
총명
지혜
총명
지혜
총명
지혜
지혜

9 그분이 기뻐하시며 그리스도를 통해서 계획하신 그 뜻의 비밀을 우리에게 알게 하신 것입니다.

※그 뜻: 그리스도를 통한 하나님의 구원 계획.

10 그 비밀은 때가 차면 하늘과 땅의 모든 것을 그리스도 안에서 통일되게 하시려는 것입니다.

※하늘: 하늘의 영적인 존재를 가리킨다.

11 우리는 모든 것을 원하시는 대로 이루시는 분이 정해 놓은 뜻에 따라 그리스도 안에서 그분의 백성이 되었는데,

12 이는 먼저 그리스도를 기다렸던 우리가 하나님의 영광을 찬양하게 하시려는 것입니다.

※우리: 유대인들.

13 이제 여러분도 그리스도 안에서 진리의 말씀인 구원의 복음을 듣고 그를 믿었으니,

※여러분: 에베소의 이방인 성도들.

하나님께서 약속하신 성령으로 확증을 받았습니다.

※약속: Link 누가복음 24:49
Link 요한복음 14:15,25, 15:26, 16:7,13

14 그 성령은, 우리에게 하나님의 구원의 약속을 보증하고,

하나님의 소유인 우리가 구원받을 때까지 하나님의 영광을 찬양하게 하실 것입니다.

tip 하나님의 비밀

신약 전체에 걸쳐 언급되는 이 비밀은 전에는 감추어져 있었지만 지금은 그리스도를 통해 밝혀진 사실을 가리킨다. 이 비밀은 감추어져 있었지만 밝혀졌고, 세상의 모든 사람에게 알려야 할 진리이다. 그것은 그리스도를 통해서 세상 모든 사람을 구원하시려는 하나님의 계획을 가리키며, 하나님은 그리스도 안에서 유대인과 이방인의 구분 없이 모두가 하나가 되길 원하신다.

바울의 기도1

15 나는 주 예수를 믿는 여러분의 믿음과 모든 성도를 향한 사랑을 전해 듣고,

※믿음, 사랑: 믿음으로 나타난 결과가 사랑이다.

16 여러분으로 인해 감사해하고, 기도할 때마다 여러분에 대해 말합니다.

17 우리 주 예수 그리스도의 하나님이신 영광의 아버지께서 여러분에게 지혜와 계시의 성령을 주셔서 하나님을 알게 하시고,

※지혜와 계시: 하나님이 그리스도를 통해 하신 일과 앞으로 하실 비밀을 가리킨다.

18 여러분의 마음의 눈을 밝히셔서, 하나님의 부르심을 받은 여러분의 소망이 무엇이며,

※소망: 그리스도 안에서 세상 모두가 하나 되어 하나님의 구원이 완성되는 것을 가리킨다.

하나님의 백성인 여러분이 하늘나라에서 받게 될 풍성한 영광이 무엇이며,

※영광: 하나님의 구원과 영원한 생명을 말한다.

19 믿는 우리에게 강한 힘으로 베풀어 주시는 지극히 크신 하나님의 능력이 무엇인지 알기 바랍니다.

20 하나님은 그 능력으로 그리스도를 죽은 자 중에 살리셔서 하늘에서 자신의 오른편에 앉히시고,

※오른편: 단순한 자리의 위치가 아니라 하나님을 대신할 수 있는 지위와 능력을 말한다.

21 세상의 모든 세력, 권력, 능력, 통치자, 그리고 이 세상과 오는 세상에서 불릴 모든 이름보다 높이셨습니다.

22 또 하나님은 모든 것을 그리스도의 발아래 복종하게 하시고, 그를 교회의 머리로 삼으셨습니다.

23 교회는 그리스도의 몸이요, 모든 것을 넘치도록 채우시는 분이 계신 곳입니다.

※하셨어: Link 마태복음 18:20

tip 교회의 머리이신 그리스도

바울은 그리스도를 머리로, 교회를 몸으로 비유하면서 마치 살아있는 하나의 생명체처럼 묘사한다. 교회의 머리인 그리스도는 생명을 주시고 주인이 되시는 분이며, 교회는 몸으로 머리가 되시는 그리스도의 명령을 따르고 함께해야만 온전할 수 있다. 그리스도는 교회 안에 계시며 교회를 인도하시고 보호하시므로 교회를 이루는 성도들은 그리스도를 적대하는 세력을 두려워할 필요가 없다.

2장 죽음에서 생명으로

1 여러분은 허물과 죄로 영적으로 죽었던 사람들입니다.

2 그때 여러분은 세상의 풍습을 따라 타락하고, 하늘의 통치자를 따르며 살았는데 그 악한 영은 지금도 불순종의 자식들을 지배하고 있습니다.

※하늘의 통치자: 하나님에게 대항하는 악한 세력, 악한 영, 곧 사탄을 의미한다.
※불순종의 자식들: 하나님께 대적하며 복음을 거부하고 불순종하는 사람들을 가리킨다.

3 우리도 전에는 그들 가운데서 육체의 욕심에 따라 살고, 육신과 마음이 내키는 대로 살았기 때문에 그들과 마찬가지로 날 때부터 진노의 자식이었습니다.

※우리: 모든 그리스도인.
※진노의 자식: 하나님의 노여움을 받을 수밖에 없는 상태를 말한다.

4 그러나 자비가 넘치시는 하나님은 우리를 향한 그 크신 사랑으로, 허물 때문에 영적으로 죽었던 우리를 그리스도와 함께 살리셨으니 여러분은 하나님의 은혜로 구원을 받은 것입니다.

6 하나님께선 그리스도와 함께 우리를 살리셨을 뿐만 아니라 그리스도 안에서 함께 하늘에 앉게 하셨습니다.

7 그것은, 하나님이 그리스도 예수 안에서 우리에게 베풀어 주신 자비와 그 넘치는 은혜를 장차 올 모든 세대에게 보이시기 위함입니다.

※자비, 은혜: 하나님의 아들을 우리에게 보내주시고, 그 아들과 우리를 부활시켜 구원하신 자비와 은혜를 말한다.

8 여러분은 믿음을 통해서 그 은혜로 구원을 받았는데, 그것은 여러분이 이룬 것이 아니라 하나님의 선물입니다.

10 우리는 하나님이 그리스도 예수 안에서 선한 일을 하게 하려고 미리 계획하시고 만드신 것입니다.

tip 너희가 이룬 것이 아니다

바울은 하나님의 구원이 우리 스스로 이룬 자랑거리가 아니라고 말한다. 하나님께 인정받기 위해서 사람이 아무리 율법을 철저히 지키고 윤리적으로 올바른 노력을 한다 해도, 사람의 행위로는 하나님을 완전히 충족시킬 수 없기 때문이다. 하나님의 구원은 그분의 자비로운 은혜와 미리 계획하신 뜻에 따라 받는 것이다. 그 계획하신 뜻은 우리가 그리스도 안에서 선한 일을 하는 것이다. 구원을 얻기 위해서 '선함'이 필요한 것이 아니라 구원받은 사람은 그 열매로 '선함'을 맺게 된다. 그리고 그 '선함'은 성령을 받고 하나님께 순종하는 가운데 구원받은 그리스도인들에게 공통으로 나타나는 특징이다.

그리스도 안에서

11 여러분은 이방인으로 태어났고, 손으로 할례를 받은 자들이 할례를 받지 않은 자들이라고 멸시했던 사람들이었습니다.

※할례: 구약에서 하나님께 속한 백성이라는 것을 나타내는 표식이다.
Link 창세기 17:7

12 그때 여러분은 그리스도 밖에 있었고, 이스라엘 자손도 아니었기 때문에 하나님의 약속과 무관한 외인이었으며, 세상에서 소망도 없고 하나님도 없이 살았습니다.

※약속: Link 창세기 15:18, 17:6, 28:13 Link 출애굽기 24:8 Link 사무엘하 7장

※우리: 유대인과 이방인.

※새 사람: 유대인과 이방인이 함께 하는 새로운 그리스도인의 공동체를 가리킨다.

※건물: 모든 교회와 지금도 세워지는 세상의 교회를 의미한다.
※성령: 하나님은 성령을 통해서 교회에 머무신다.
※머무실 곳: 세상 모든 교회를 가리킨다.

tip 폐지된 율법

예수 그리스도로 인해 유대인과 이방인 사이를 가로막고, 이방인들의 구원을 차단했던 율법은 폐지되었다. 하지만 그것은 율법을 지킬 의무에서 벗어났다는 의미이지 율법이 없어졌다는 것은 아니다. 사람은 그리스도에 대한 믿음을 통해서만 의롭게 되어 구원받을 수 있고, 구원받은 사람은 그 열매로 '선함'을 맺게 된다. 믿음으로 구원받은 사람은 '선함'을 가지고 스스로 율법을 지킴으로 율법을 더 굳게 세우는 것이다. 구원을 받기 위해서 선한 행위나 율법이 필요한 것이 아니라 믿음으로 구원받은 사람은 그 열매인 선한 행위로 율법을 지키게 된다.

3장 이방인들을 위한 바울

※통치자들, 권력자들: 하나님의 계획을 알고 싶어 하는 하늘의 선한 천사들을 가리킨다.

tip 그리스도에 대한 믿음으로

이것은 '믿음으로 의롭게 된다'라는 신구약 전체를 관통하는 그리스도교의 기본적인 교리이며, 이를 이신득의(以信得義)라고 한다. 유대인들은 율법을 철저히 지켰지만 그리스도에 대한 믿음이 없었기 때문에 구원받을 수는 없었다. 그래서 예수님은 율법을 완성하러 왔다고 하셨다. 사람은 율법이나 어떤 선한 행위가 아니라 그리스도에 대한 믿음을 통해서만 의롭게 되어 구원받을 수 있다. 하지만 그 의로움도 실제로 사람의 죄가 없어지고 성품이 의롭게 되었다는 것이 아니라, 하나님께서 사람이 그리스도를 믿는 믿음을 보시고 의롭다고 인정해 주시고 구원해주시는 것일 뿐이다. 그러므로 사람은 하나님의 은혜에 감사드릴 수밖에 없다.

※완성하러: Link 마태복음 5:17

바울의 기도2

※족속들: 하늘의 천사와 그리스도를 믿는 유대인들과 이방인들을 가리킨다.

※내면: 영, 마음, 이성, 의지, 인격 등을 가리킨다.

그리하여 하나님의 온갖 충만함으로 여러분을 채워 주시길 바랍니다.

20 우리 가운데서 일하시는 하나님은 우리가 구하거나 생각하는 것보다 더욱 풍성하게 주실 것입니다.

21 교회 안에서, 그리스도 예수 안에서 하나님의 영광이 대대로 영원하기를 바랍니다. 아멘.

※영광: 하나님의 은혜와 구원 계획.

tip 하나님의 충만함으로

바울은 [16~17절]에서 '내면을 강하게 하시는 성령'과 '마음에 머무시는 그리스도'의 역할이 거의 같다고 말한다. 그리고 그 결과로 나타나는 것이 '사랑'이다. 그리스도의 사랑이 성도들의 사랑으로 전해지고 그 사랑의 토양에서 교회와 성도들이 뿌리내리고 성장한다. '사랑'은 하나님이 그리스도를 통해서 성도들에게 부어 주시는 것으로 하나님은 물론 타인까지 사랑할 수 있게 되며, 이는 모든 성도들이 추구해야 하는 목표라고 말한다. 또한 그 사랑은 궁극적으로 하나님의 충만함으로 채워지는 것이다. 그것은 하나님의 존재, 사랑, 능력 등으로, 일시적인 것이 아니라 구원 후에도 지속적으로 성령을 통해서 그리스도인에게 채워지고 함께하며 능력 있는 삶을 살아가도록 인도한다. 사람이 하나님처럼 될 수는 없지만 그 충만함으로 하나님을 닮아 가고, 하나님의 풍성한 은혜에 감사하며 영광을 돌리는 것. 그것이 하나님이 원하시는 바이다.

4장 그리스도의 몸으로

1 주님의 일을 하다가 갇히게 된 내가 여러분에게 권합니다.

2 항상 겸손하고 온유하며 오래 인내하고 사랑으로 서로를 용서하십시오.

3 성령이 여러분을 평화의 끈으로 묶어서 하나가 되게 하신 것을 힘써 지키십시오.

※평화: 하나님과 사람, 유대인과 이방인의 화해와 그리스도인들의 하나 됨을 의미한다.

4 그리스도의 몸도 하나요, 성령도 하나요, 여러분을 부르신 하나님의 소망도 하나입니다.

※몸: 교회를 가리킨다.
※소망: Link 에베소서 1:10

5 주님도 하나요, 믿음도 하나요, 세례도 하나요,

※세례: 그리스도와 하나가 된다는 외적인 의식이다.

6 하나님도 하나이신데, 하나님은 모든 것의 아버지요, 모든 것 위에 계시고, 모든 것과 함께 계시고, 모든 것 안에 계시는 분입니다.

※성경: Link 시편 68:18 ※포로들: 적들, 사탄의 세력. ※사람들: 하나님의 백성들, 성도들.

※충만: 온 세상을 통치하시고 모든 생명을 주관하시는 그리스도의 능력을 뜻한다.
※모든 하늘: 당시 유대인들은 하늘이 일곱층이라고 생각했다.

※몸: 교회를 가리킨다.

※진리: 복음의 구원 계획을 가리킨다.

16 우리가 그리스도의 도움으로 온 몸이 각 마디를 통해 연결되고, 결합하여, 몸의 각 부분이 맡은 책임을 다한다면 그 몸이 자라 사랑 안에서 스스로 설 것입니다.

※몸: 교회 ※마디: 각각을 이어 주는 것으로 '그리스도의 사랑'으로 볼 수 있다. ※각 부분: 각각의 성도

tip 평화의 끈으로 묶어서

그리스도께서는 하나님과 사람 사이에 끊어졌던 관계를 회복시키시고, 유대인과 이방인 사이의 벽을 허물어 화해시키셨으니 '평화'요, 그리스도인들이 하나가 되게 하신 것은 그의 '사랑'이다. 바울은 그런 '그리스도의 사랑'을 '평화의 끈'으로 표현했다. 그리고 그리스도의 사랑으로 하나가 된 것을 힘써 지키라고 했다. 성령의 도움으로 하나 될 수 있지만 그것을 지키는 것은 결코 쉽지 않은 일이며, 굳은 의지가 필요한 어려운 일이라는 것을 암시한다.

그리스도 안에서의 새 생활

17 그러므로 나는 주님 안에서 권합니다. 이제 여러분은 믿지 않는 자들처럼 헛된 것을 좇아 살지 마십시오.

※헛된 것: 하나님을 알지 못하고 하나님으로부터 분리되어 자기 욕심대로 사는 삶을 의미한다.

18 그들은 자기들 속에 있는 무지와 완고한 마음 때문에 생각이 흐려져서 하나님의 생명에서 떠나 있습니다.

※떠나: 영적으로 죽어 있는 상태를 가리킨다.

19 그들은 수치도 모르며 방탕하게 살고, 탐욕에 빠져 온갖 더러운 일을 합니다.

20 그러나 여러분은 그리스도를 그렇게 배우지 않았습니다.

※여러분: 그리스도인, 즉 에베소의 성도들을 가리킨다.

여러분은 진리가 예수 안에 있다는 것을 알고 그에 관해 듣고, 그 안에서 가르침을 받았습니다.

22 여러분은 유혹과 욕심을 따르던 썩어 가는 습관을 좇는 옛 사람을 버려야 합니다.

23 오직 마음의 영을 새롭게 하여 하나님의 형상을 따라 진리의 의로움과 거룩함으로 만들어진 새 사람이 되어야 합니다.

※진리: 하나님을 의미한다.

tip 옛 사람과 새 사람

'옛 사람'은 하나님을 알지 못하던 때의 사람을 말하며, 썩어 가는 습관을 좇는 것은, 그때의 행실, 성격, 태도로 되돌아가려는 사람의 본성을 의미한다. 그것은 세상의 방식에 따라 유혹과 욕심을 좇으며 점점 썩어 가는 타락한 삶이다. '새 사람'은 '옛 사람'과 상반되는 개념으로, 하나님의 의로움과 거룩함으로 새롭게 태어난 하나님의 백성을 의미한다. '의로움'은 올바르고 충실한 삶을, '거룩함'은 악에 물들지 않은 하나님께 속한 삶을 말한다.

성령을 근심하게 하지 말라

25 그러니 여러분은 거짓을 버리고, 각각 이웃
에게 진실로 대하십시오.

26 화를 내더라도 죄를 짓는 데까지 이르지
않도록 하고, 해가 질 때까지 화를 품고 있
지 마십시오.

27 그래서 사탄에게 조금도 틈을 주어서는
안 됩니다.

※몸: 교회를 가리킨다.
※나누어: 그리스도인은 부를 쌓기 위해서가 아니라 선한 일을 하기 위해 일을 해야 한다는 의미이다.

28 도둑은 더 이상 훔치지 말고, 가난한 자들에게 나누어 줄 수 있도
록 제 손으로 수고하여 떳떳한 일을 하십시오.

29 더러운 말은 입 밖에 내지 말고, 덕을 세우는 데 필요한 좋은 말
을 해서 듣는 사람들에게 은혜가 되게 하십시오.

※도둑: 도둑질뿐만 아니라 부당하게 이익을 얻는 모든 행위를 가리킨다.
※더러운 말: 단지 나쁜 단어로 말하는 것뿐만 아니라 험담이나 중상모략도 포함한다.

30 더러운 말로 하나님의 성령을 근심하게
하지 마십시오.

성령은 심판의 날까지 여러분의 구원을 보
증하시는 분입니다.

31 여러분은 악독과 격정과 분노와 소란과
비방과 모든 악의를 버리십시오.

※근심: 더러운 말은 다른 성도에게 고통을 주고 이는 성령의 근심이 된다.
※소란: 분노로 감정이 폭발해서 소리를 지르는 것을 가리킨다.

32 서로 친절히 대하며, 불쌍히 여기며, 하나님이 그리스도 안에서
너희를 용서하신 것과 같이 서로를 용서하십시오.

tip 죄를 짓는 데까지 이르지 않도록

[26절]에서는 '화'를 허용하는 것처럼 보이지만, [27절]에서는 '사탄에게 틈을 주지 말 것'을 요구하고, [31절]에서는 '모든 화를 버리라'라고 했다. 따라서 이것은 '화를 내지 마라. 만약 화를 내더라도 죄를 짓는 데까지 이르지 않도록 하라'라는 것과 같은 권고로 볼 수 있다. 예수님께서도 화를 내신 적이 있지만, '화를 내지 마라'라는 것은 화를 내면, 분별력이 흐려지고, 감정에 사로잡혀 죄를 지을 가능성이 커져, 사탄에게 좋은 먹잇감이 된다. 그리스도인은 '화'를 품지 않도록 해야 하고 만약 '화'가 나더라도 오래가지 않도록 해야 한다.

※화를 내신 적: Link 마태복음 21:12 Link 마가복음 3:5

5장 빛의 자녀들

※누구라도: 에베소 교회의 거짓 선생들을 가리킨다.

에베소서

11 열매 없는 어둠의 일에 끼어들지 말고, 오히려 그것을 꾸짖고 폭로하십시오.

12 불순종의 자식들이 몰래 하는 일들은 말하기조차 부끄러운 것들입니다.

13 그러나 그 모든 것이 빛을 비추면 드러날 것입니다.

※일들: Link 에베소서 5:3~5

14 그래서 성경에서 말씀하시길…

잠자는 자여 깨어나라!
죽은 자들 가운데서 일어나라!
그리스도께서 네게 빛을
비추어 주실 것이다!

15 그러므로 여러분은 어떻게 살지 잘 살피고 지혜롭게 행동해서, 이 악한 때에 주님의 뜻대로 살 수 있는 기회를 놓치지 마십시오.

※성경: Link 이사야 9:2, 26:19, 51:17, 60:1 등과 연관된 구절이다.
※깨어나라: 영적으로 깨어나라는 뜻이다.

17 어리석게 살지 말고 주님의 뜻이 무엇인지를 힘써 깨달아야 합니다.

18 예를 들어, 술에 취하지 마십시오. 거기에는 방탕이 따릅니다.

오직 성령의 충만함으로 살고, 시와 찬송과 영적인 노래로 서로 화답하며, 마음을 다해 주께 노래하며 찬양하십시오.

※시: 구약의 시편과 그와 유사한 형태의 찬양 노래를 가리킨다.
※영적인 노래: 성령의 영감으로 만들어진 찬송을 가리킨다.

20 모든 일에 언제나 우리 주 예수 그리스도의 이름으로 하나님 아버지께 감사하고, 그리스도를 두려워하는 마음으로 서로 존경하고 따르십시오.

tip 술에 취하지 말라

바울은 구약 성경의 잠언을 인용하며, 어리석은 자의 예로 술에 취해서 방탕하게 사는 사람을 들었다. 당시 사회에서 술 취하는 것은 흔한 문제였으며, 초대 교회에서도 심각한 문제 중의 하나였다. 술에 취한다는 것은 술을 마시는 자체의 문제뿐만 아니라 그로 인해 파생되는 무절제하고 방탕한 것이 더 큰 문제였다. 그래서 구약의 잠언에서도 술에 취해서 생길 수 있는 문제에 대해서 자세하게 언급하고 있다. 이에 바울은 그리스도인은 방탕하게 살지 말고, 주님의 뜻을 따라 힘써 노력하며 성령의 충만함으로 살아가야 한다고 말한다.

※잠언: Link 잠언 23:20, 23, 29~35
※심각한 문제: Link 디모데전서 3:3 Link 디도서 1:7, 2:3

아내와 남편

22 아내들은 주께 하듯이 남편에게도 순종하
십시오.

23 남편이 아내의 머리가 되는 것은 그리스
도가 교회의 머리가 되신 것과 같습니다.

24 그러므로 교회가 그리스도께 순종하듯이,
아내도 언제나 남편에게 순종해야 합니다.

※몸: 교회를 가리킨다.

25 남편들은 아내를 사랑하기를 그리스도께
서 교회를 위하시고 사랑하셔서 자신을
내주신 것같이 하십시오.

26 그리스도께서 그렇게 하신 것은 교회를
물로 씻고, 말씀으로 깨끗하게 해서, 거룩
하게 하시려는 것이며,

27 티나 주름 같은 어떠한 흠도 없이 거룩한
모습으로 영광스럽게 맞이하기 위해서입
니다.

※물로 씻고: 물의 세례를 가리킨다.
※말씀: 세례 의식 때 하는 신앙 고백, 또는 복음을 가리킨다.

28 이처럼 남편도 아내를 제 몸과 같이 사랑해야 합니다. 아내를 사
랑하는 것은 곧 자기를 사랑하는 것입니다.

29 자기 몸을 미워하는 사람은 없습니다. 누구나 자기 몸을 아끼고
돌보기를 주께서 교회를 돌보듯이 합니다. 우리는 그리스도의 몸
이기 때문입니다.

31 그래서 성경에서는 말씀하시길….

※성경: Link 창세기 2:24

32 이것은 큰 비밀인데, 나는 그리스도와 교
회의 관계에 대해 말했습니다.

※비밀: 부부가 한 몸이라는 사실뿐만 아니라 그리스도와 교회의 관계를 통해 하나님의 구원 계획을 드러내고 있다.

33 그러니 여러분도 아내를 제 몸과 같이 사
랑하고, 아내도 남편을 존중하십시오.

tip 남편에게 순종하고, 아내를 사랑하라

아내가 남편에게 순종하라는 것은 여자가 남자에 비해서 열등하다거나 종속 관계라는 것이 아니다. 바울은 아내에게 '주께 하듯이 순종하라'라고 했다. 이는 그리스도인들이 스스로 주께 순종하듯이, 아내도 스스로 남편에게 순종해야 한다는 의미이다. 이는 남편이 아내의 머리가 되기 때문이다. 주께서 교회의 머리로 교회를 인도하시고 보호하시는 것처럼 남편도 아내의 머리로서의 권위를 가지고 있다. 그와 같은 그리스도의 권위가 그의 희생적인 사랑으로 세워진 것처럼, 남편에게도 희생적인 사랑을 요구한다. 즉, 아내의 의무가 '순종'이라면, 남편의 의무는 '희생적인 사랑'이다. 아내의 순종은 명령이나 의무가 아니라 사랑에 대한 보답으로 스스로 따르는 것이며, 하나님의 질서에 대한 순종이기도 하다.

6장 자녀와 부모

1 자녀들이여, 주 안에서 부모에게 순종하십시오. 그것이 옳은 일이기 때문입니다.

2 '네 부모를 공경하라!'는 하나님의 약속이 있는 첫 계명입니다.

3 이 계명을 지키면 하나님이 이렇게 약속하셨습니다.

4 아버지들은 자녀를 화나게 하지 말고, 오직 주의 교훈과 훈계로 기르십시오.

※계명: 십계명 중에 다섯 번째 계명을 가리킨다. Link 출애굽기 20:12 Link 신명기 5:16

tip 약속이 있는 첫 계명

어떤 이는 십계명의 두 번째 계명에서 '수천 대 자손에 이르기까지 은혜를 베푼다.'라고 하신 것이 하나님이 사람에게 주신 첫 번째 약속이라고 한다. 하지만 그것은 질투하시는 하나님에 대한 설명이지 약속이 아니다. 한편, 부모와 자식 간에도 일방적인 건 없다. 자녀에겐 순종을 명령했다면, 부모에겐 자녀를 화나게 하지 말라고 한다. 즉, 비상식적인 요구, 필요 이상의 엄격함, 권한 남용 등 일방적이고, 강압적인 행위를 금지하고 있다. 가정의 머리인 아버지는 주 안에서 사랑으로 자녀를 가르치고 훈계해야 한다.

※두 번째 계명: Link 출애굽기 20:6 Link 신명기 5:10

종과 주인

5 종들이여, 그리스도께 하듯이 두렵고 성실한 마음으로 몸의 주인에게 순종하십시오. 6 눈가림으로 주인과 사람을 기쁘게 하지 말고, 그리스도의 종답게 진심으로 하나님의 뜻을 실천하듯이 일하십시오.

※두렵고: 실수하지 않으려고 애쓰는 모습을 가리킨다.

7 사람에게 하듯이 하지 말고, 주께 하듯이 기쁜 마음으로 섬기십시오.

8 종이든, 자유인이든 선한 일을 한다면 주께 그대로 돌려받게 된다는 것을 아십시오.

9 주인들이여, 여러분도 종들을 이처럼 대하고 위협을 멈추십시오.

그들과 여러분의 주께서 하늘에 계시고, 그는 사람을 차별하지 않으신다는 것을 아십시오.

11 사탄의 간교한 유혹에 맞설 수 있도록 하나님이 주시는 전신갑옷을 입으십시오. 우리의 싸움은 인간에 대한 것이 아니라, 거짓된 신들과 이 세상 어둠의 지배자들과 하늘의 악한 영들을 상대하는 것입니다.

하나님의 갑옷(영적인 싸움)

10 끝으로 말합니다. 여러분은 주님 안에서 그의 강한 능력으로 굳건해지고,

13 그러므로 여러분은 하나님의 전신갑옷을 얻어야 합니다.

그래야 악한 날에 악한 무리에게 맞서서 바로 설 수 있기 때문입니다.

※악한 날: 세상의 종말에 있을 환란, 또는 지금 현재를 가리킨다.

14 여러분은 진리의 허리띠를 묶고, 선의의 보호대로 가슴을 가리고,

15 평화의 복음으로 준비한 군화를 신으십시오.

16 그리고 이 모든 것에 더하여 믿음의 방패를 드십시오.

이로써 여러분은 악한 자의 모든 **불화살**을 능히 막을 수 있을 것입니다.

17 더해서 구원의 투구와 성령의 검 즉 하나님의 말씀을 드십시오.

18 항상 성령 안에서 간절하게 기도하고, 늘 깨어서 끝까지 인내하며 모든 성도를 위해 간절하게 구하십시오.

※불화살: 사탄의 간교한 유혹 즉, 의심, 절망, 질투, 불신 등을 가리킨다.

19 또 하나님이 내게 말씀을 주셨으니 내가 입을 열어 담대하게 복
음의 비밀을 알리게 해달라고 나를 위해 기도해 주십시오.

20 내가 사슬에 매인 하나님의 사신이 된 것도 내가 마땅히 할 말을
담대하게 말하게 하시려는 것입니다.

tip 하나님의 전신갑옷

- 진리: 복음이 아니라 진실함과 충실함을 의미한다.
- 선의: 올바르고 선한 도덕적인 완전함을 의미한다.
- 평화의 복음: 하나님과 사람, 유대인과 이방인의 화해를 이룬 그리스도를 통한 복음.
- 믿음의 방패: 그리스도의 능력에 온전하게 의지함을 의미한다.
- 구원의 투구: 이미 이루어진 성도들의 구원을 의미한다.

바울은 전신갑옷에 더해서, 항상 성령의 능력 안에서 성령의 도우심으로 기도하고, 예수님께서 제자들에게 명령하신 것처럼 인내하며 깨어 있으라고 권한다.

※명령: Link 마태복음 24:42 Link 마가복음 13:37 Link 누가복음 21:36

마지막 인사와 축복

21 주님 안에서 사랑하는 형제이며 진실한 일꾼인 두기고가 내가 무
엇을 하는지 모든 일을 여러분에게 알릴 것입니다.

※두기고(Tychicus): 아시아 지방의 대표로 바울과 예루살렘을 방문하기도 했다.
Link 사도행전 20:4

22 나는 그가 여러분에게 우리의 사정을 알리
고, 여러분의 마음을 위로하게 하려고 보
냅니다.

23 하나님 아버지와 주 예수 그리스도로부터
평화와 믿음과 사랑이 형제들에게 있길
바랍니다.

24 우리 주 예수 그리스도를 변함없이 사랑하
는 모든 사람에게 은혜가 있길 바랍니다.

2. 빌립보서

1장 인사

1 그리스도 예수의 종인 바울과 디모데가 그리스도 예수 안에서 빌립보의 모든 성도들과 지도자들과 집사들에게 편지를 씁니다.

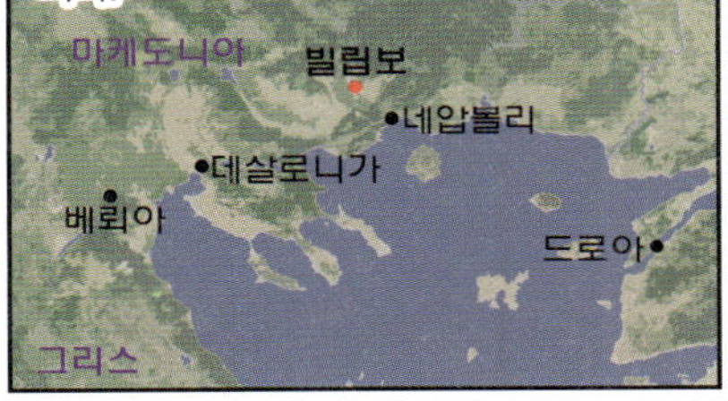

바울의 기도

3 나는 여러분을 생각할 때마다 나의 하나님께 감사를 드리고, 여러분을 위해 늘 기쁜 마음으로 기도합니다.

※종: 바울은 빌립보 성도들과는 문제가 없었으므로 자신이 '사도'라는 걸 강조하지 않았다.
※디모데(Timothy): 바울을 대신해서 빌립보 지역을 돌보기도 했다. Link 사도행전 19:22

5 그것은 여러분이 첫날부터 지금까지 복음을 전하는 일에 나와 함께하고 있기 때문입니다.

6 나는 여러분에게 선한 일을 시작하신 분께서 그리스도 예수의 날까지 그 일을 완성하실 것을 확신합니다.

7 여러분은 항상 내 마음에 있기 때문에 내가 이렇게 생각하는 것은 당연합니다.

※첫날: 바울이 빌립보에서 전도했던 첫날을 의미한다. Link 사도행전 16:14
※함께: Link 로마서 15:26 Link 고린도후서 8:3, 11:9 Link 빌립보서 4:16
※선한 일: 하나님이 빌립보의 성도들에게 베푸신 구원의 은혜.
※예수의 날: 그리스도의 재림의 날로 마지막 심판의 날을 가리킨다.

여러분은 내가 갇혀 있을 때나 법정에서 복음을 변호하고 증언할 때에도 모두 나와 함께 은혜에 동참한 사람들이기 때문입니다.

8 내가 그리스도 예수의 심장으로, 여러분을 얼마나 그리워하는지 하나님께서 내 증인이 되어 주실 것입니다.

※법정에서: 바울은 로마 법정에서 공개적으로 복음을 전할 수 있는 기회를 가졌다.
※심장: 사람들을 위해 자신을 십자가에 내어 주신 그리스도의 사랑을 의미한다.

9 내가 기도하는 것은 여러분의 사랑이 지식과 통찰력으로 더욱 풍성하게 되고,

10 더 중요한 것이 무엇인지 구별해서 순결하고 허물없이 그리스도의 날까지 이르러,

11 예수 그리스도께서 가득하게 주시는 의로운 열매로 하나님께 영광과 찬양을 드리길 원하기 때문입니다.

※지식: 하나님 말씀을 깨닫는 것.
※통찰력: 선과 악, 중요함과 중요하지 않음을 구별할 수 있는 지혜.

※의로운 열매: 그리스도를 통해 얻을 수 있는 성령의 열매를 가리킨다.

tip 의로운 열매

바울의 기도는 ①사랑이 풍성하게 되고, ②순결하고 허물없이 되어, ③의로운 열매로 가득하게 되는 것이다. 바울은 빌립보 성도들이 사랑과 깨끗함으로 의로운 열매를 맺길 바라고 있다. 의로운 열매는 율법을 잘 지키거나 선행으로 얻는 것이 아닌, 그리스도를 믿음으로 받은 성령으로 맺는 것이다. 하나님께서는 그리스도의 죽음을 통해 사람들을 구원하셨고, 그리스도를 통해 성령을 보내셨으니 의로운 열매의 근원은 그리스도다. 그리고 그 성령을 통해서 맺게 되는 의로운 열매는 하나님께는 영광이 된다. 바울의 기도의 마지막은 의로움의 열매가 하나님께로부터 온 것이니 마땅히 하나님께로 돌아가야 한다는 것을 의미한다.

그리스도를 전하다

12 형제들이여, 내게 일어난 일이 도리어 복음 전파에 도움이 되었다는 것을 알기를 바랍니다.

※일어난 일: 바울이 로마에서 구금된 일을 가리킨다.

13 내가 그리스도를 위해 구금되었다는 것이 경비병들과 그 밖의 모두에게 알려졌고,

14 주 안에 있는 형제 중에 대부분이 나의 구금에 확신을 가지고 하나님의 말씀을 두려움 없이 더욱 담대하게 전하게 되었습니다.

※형제: 로마에 있는 성도들을 가리킨다.

15 어떤 이들은 질투와 경쟁심으로 그리스도를 전하고, 어떤 이들은 좋은 뜻으로 전합니다.

16 좋은 뜻을 가진 이들은 내가 복음을 변호하기 위해 사도로 세워졌다는 것을 알고 사랑으로 그리스도를 전하지만,

※어떤 이: 로마의 성도들 중에 바울의 영향력을 경계하던 자들을 가리킨다.
※사랑: 바울에 대한 사랑을 의미한다.

17 질투와 경쟁심을 가진 이들은 내가 갇혀서 괴로움이 더 많아지길 바라며 불순한 동기로 그리스도를 전합니다.

※불순한 동기: 이기적인 목적과 개인적인 야망과 이익을 가리킨다.

18 하지만 어떻습니까? 거짓이든, 참이든, 어떤 식으로든 그리스도가 전해지면 되는 게 아닙니까? 그러므로 나는 기뻐하고 또 기뻐할 것입니다.

19 나는 여러분의 기도와 예수 그리스도의 성령의 도움으로 구원받을 것이기 때문입니다.

※구원: 감옥에서의 구원과 영적인 구원, 둘 다 가리킨다고 볼 수 있다.

바울의 소망

20 나의 간절한 기대와 희망은, 내가 무슨 일에도 부끄러움을 당하지 않고, 살든지 죽든지, 지금까지 그랬듯이 큰 용기를 내어 나로 인해 그리스도께서 높아지시는 것입니다.

※무슨 일: 재판의 결과를 의미한다.

21 나의 삶이 곧 그리스도이니, 죽는 것도 유익합니다.

22 그러나 내가 이 육체로 사는 것이 더 많은 열매를 맺을 수 있다면 어느 쪽을 택해야 할지 모르겠습니다.

23 난 이 둘 사이에 끼어 있습니다. 세상을 떠나 그리스도와 함께 있고 싶은 욕심이 훨씬 크지만,

24 내가 육체로 남아 있는 것이 여러분에게는 더 유익할 것입니다.

25 난 내가 살 것과 여러분의 믿음의 발전과 기쁨을 위해 남아서 여러분과 함께 머물러야 한다는 것을 확신합니다.

26 그것은 내가 다시 여러분에게 가서 그리스도 예수 안에서 많은 기쁨을 얻게 하려는 것입니다.

tip 삶이 곧 그리스도

이 말은 '그리스도를 위해서 사는 삶'이나 '그리스도가 삶의 구원'이라는 말이 아니라 '삶 자체가 그리스도'라는 의미이다. 즉, 바울은 그리스도와 완전하게 하나가 되어, 그의 삶 자체가 그리스도의 통치를 받고, 인도받으며 진실, 사랑, 희망, 순종 등이 그리스도 안에서 넘쳐 나는 상태를 말한다. 한편, 바울은 계속 자기 죽음에 관해 이야기하는데, 이는 죽음까지 각오한 상황임을 나타낸다.

복음에 맞는 생활

27 여러분은 오직 그리스도의 복음에 맞
게 생활하십시오.

내가 함께 있든지, 떠나 있든지 내가 원하는 것
은, 여러분이 한 마음으로 굳게 서서 복음의 신
앙을 위해 힘쓰는 것입니다.

28 여러분의 원수들을 두려워하지 마시오. 여러분을 탄압하는 것은, 그들에게는 멸망의 증
거요, 여러분에게는 구원의 증거니 그것은 하나님께서 하시는 일입니다.

29 하나님은 그리스도를 위해 여러분에게 은
혜를 주셨습니다.

※원수들: 빌립보 교회의 유대인을 포함해서 하나님께 대적하는 자들을 가리킨다.

※은혜: 하나님의 자녀가 되는 특권, 즉 구원의 은혜를 가리킨다.

그것은 그를 믿는 것뿐만 아니라, 그를 위
해 고난도 받게 하신 것입니다.

※증언: Link 요한복음 7:7

30 여러분은 나와 같은 싸움을 하고 있고, 내
가 겪었던 싸움을 보았으며, 이제는 듣고
있습니다.

※싸움: 원수들로부터 겪는 고난과의 위험으로 영적인 싸움을 의미한다.

※듣고: 로마에서 갇혀 목숨에 위협을 받고 있는 상황을 가리킨다.

tip 믿음과 고난

바울은 복음을 지키기 위해서는 고난도 함께 따른다는 것을 강조하고 있다. 그리스도인이 하나님의 자녀가 된 것은, 그들의 노력이나 업적이 아니라 하나님께서 무작정 베풀어 주신 은혜다. 그런데 그 은혜에는 그리스도에 대한 믿음과 고난이 함께 한다. 그리스도인은 그리스도를 믿고 의지하며, 그리스도께서 하나님의 구원 계획을 이루기 위해 고난을 겪으신 것처럼 그리스도인도 고난에 동참해야 한다.

2장 그리스도의 겸손

1 여러분은 그리스도 안에서 격려나, 사랑
의 위로나, 성령의 교제나, 동정심과 자비
를 베풀어야 합니다.

2 또 한마음 한뜻으로 같은 사랑을 가지고
마음을 같이 해서

3 무슨 일이든 경쟁심이나 허영심으로 하지
말고, 오직 겸손한 마음으로 자기보다 남을
존중하십시오.

4 또 여러분은 자기 일 뿐만 아니라 서로 다른 사람의 일도 돌보아 주십시오.

5 여러분은 이 같은 마음을 품으십시오. 그것이 곧 그리스도 예수의 마음입니다.

6 그는 하나님의 모습이지만 하나님과 동등하게 생각하지 않으시고,

※하나님의 모습: 하나님과 같은 속성과 성품으로 하나님과 하나라는 의미이다.

7 오히려 자기의 영광과 권리를 버리고 종의 모습인 사람으로 오셨습니다.

8 그는 사람의 모습으로 나타나 자기를 낮추시고, 십자가에 죽을 때까지 순종하셨습니다.

9 그러므로 하나님이 그를 지극히 높이시고 모든 이름 위에 뛰어난 이름으로 세우셔서, 하늘과 땅 위와 땅 아래 있는 모든 것들이 예수의 이름 앞에 무릎 꿇게 하시고, 모두가 예수 그리스도를 '주'라고 고백하게 하여 하나님 아버지께 영광을 돌리게 하셨습니다.

tip 사람의 모습

그리스도께서 사람의 모습이나 사람으로 가장한 것이 아니라 본질적으로 완전한 사람이셨다는 의미이다. 그리스도는 죄의 본성을 제외한 모든 부분에서 사람과 똑같았다. 이는 하나님과 같은 권리와 특권을 포기하고 모든 사람을 위해 낮아지신 그의 겸손을 나타내며, 그의 겸손은 하나님의 뜻을 이루기 위해 자발적으로 순종하며 십자가의 죽음까지 나아간다. 그러므로 십자가는 그리스도의 겸손에 대한 분명한 증거라고 할 수 있다.

하나님의 자녀답게

12 나의 사랑하는 사람들아, 여러분은 내가 있을 때나 없을 때나 항상 순종해서 두렵고 떨리는 마음으로 구원을 이루어 나가십시오.

13 여러분 안에서 도와주시는 분은 하나님이십니다. 그분은 자신의 기쁘신 뜻을 위해 여러분이 소원을 가지고 실천하도록 인도하십니다.

14 모든 일에서 불평과 시비가 없도록 하십시오. 그것은 여러분이 흠이 없고 순결한 하나님의 자녀로 이 세상의 뒤틀리고 거역하는 세대 가운데서 빛이 되게 하고,

※빛: 빛을 비추기 위해선 복음을 굳게 잡아야 한다.

16 생명의 말씀을 굳게 잡아 내가 애쓰고 수고한 것이 헛되지 않고 그리스도의 날에 나의 자랑이 되게 하려는 것입니다.

※그리스도의 날: 예수 그리스도께서 다시 세상에 오시는 날을 가리킨다.

17 만약 여러분의 믿음의 제물과 봉사 위에 내가 나의 피를 붓더라도 나는 기뻐하고, 또 여러분과 함께 기뻐할 것이니, 여러분도 기뻐하고 또 나와 함께 기뻐하십시오.

tip 기뻐하고 기뻐하라

'나의 피를 붓더라도'는 현재나 가까운 장래에 있을 바울의 순교를 암시한다. 바울은 빌립보 성도들의 그리스도를 향한 믿음과 희생적인 봉사를 위해 자신의 순교도 기뻐할 것이라고 했다. 그것은 바울이 그리스도를 위한 순교를 두려워하지 않는다는 것과 그리스도와 교회를 위한 그의 헌신적인 열정을 잘 보여 준다. 또 바울은 자신의 순교가 빌립보 성도들에게 슬픔과 좌절보다는 기쁨과 소망이 되길 바라고 있다.

디모데와 에바브로디도

19 나는 곧 주 예수 안에서 디모데를 여러분에게 보내려 합니다.

그것은 나 또한 여러분의 소식을 듣고 위로를 받으려는 것입니다.

20 나와 뜻을 같이해서 여러분의 형편을 진심으로 돌볼 사람은 디모데밖에는 없습니다.

21 모두 다 자기의 일에만 열심이고, 그리스도 예수의 일에는 관심이 없습니다.

22 그러나 디모데가 애써온 것은 여러분이 잘 알고 있습니다.

※디모데(Timothy): 바울을 대신해서 빌립보 지역을 돌보기도 했다. Link 사도행전 19:22

23 그러니 내 일이 어떻게 될지를 보고 그를 곧 보낼 수 있기를 바랍니다. 24

tip 믿음의 아들 디모데 Timothy

디모데는 바울의 1차 전도 여행 때 바울을 만나 그리스도인이 되었고, 바울의 2차 전도 여행 때는 박해를 피해 바울이 떠난 후 베뢰아에 남아 전도에 힘썼으며, 바울의 3차 전도 여행 때는 바울을 대신해서 빌립보 지역으로 파견되기도 했고, 바울과 함께 박해를 피하면서 복음 전도에 동참하기도 했다. 훗날 바울은 로마 옥중에서 서신서 중의 하나인 '디모데서'를 보내기도 한다. 바울은 [고린도전서 4:17]에서 이런 디모데를 '사랑하는 믿음의 아들'이라고 했으며, 혹자는 디모데를 바울의 후계자로 보기도 한다.

※남아: Link 사도행전 17:14 ※파견: Link 사도행전 19:22
※동참: Link 사도행전 20:4

25 그런데 에바브로디도도 여러분에게 돌려 보낼 필요가 있다고 생각합니다.
26 그는 여러분 모두를 그리워하고, 자기가 병들었다는 소식을 여러분이 들었다는 걸 알고 몹시 걱정했습니다.
27 사실, 그는 병들어 죽을 뻔했습니다.

※에바브로디도(Epaphroditus): 빌립보 출신으로 헌신적으로 바울을 도왔고 빌립보서를 전달한다.

그러나 하나님께서 그와 나를 불쌍히 여기셔서 나의 근심 위에 근심이 더 겹치지 않게 해주셨습니다.
28 그러므로 내가 서둘러 그를 보낸 것은 여러분이 그를 다시 보고 기뻐하게 하고, 나의 근심도 덜려는 것입니다.
29 여러분은 주 안에서 기쁨으로 그를 맞이하고, 또 귀하게 여기십시오.

※근심 위에 근심: 에바브로디도의 죽음과 그로 인한 빌립보 교회의 충격과 좌절을 가리킨다.

30 그는 그리스도의 일을 위해 죽을 뻔할 때까지 자기 목숨을 돌보지 않았고,
여러분이 나를 돕지 못한 일을 대신해서 나를 도왔습니다.

※일: 바울과 함께 복음을 전하는 일을 가리킨다.

3장 하나님의 의

1 덧붙여서, 나의 형제들이여, 주 안에서 기뻐하십시오.

빌립보서

※개들: 유대주의자들을 가리킨다.

※같은 말: 거짓 선생들에 대한 경고를 가리킨다.

※악한 일꾼: 하나님의 은혜보다 율법을 지켜서 구원을 얻으려는 자들을 가리킨다.

※바리새파(Pharisees): 유대 종파 중에 가장 엄격했고, 율법을 철저히 지켰다.

※8일: 유대인들은 태어난 지 8일에 할례를 받았고, 이방인 개종자는 성인이 되어서 할례를 받았다.

※율법의 의: 율법에서 요구하는 모든 명령과 규범을 지켜서 얻어지는 '의'를 말한다.

10 내가 바라는 것은, 그리스도를 알고, 그의 부활의 능력을 믿고, 그의 고난에 동참하고, 그의 죽음을 본받아,

11 어떻게든 죽은 자 가운데서 부활하는 것입니다.

tip 부활, 고난, 죽음

[10절]의 '부활'은 부활하셔서 지금도 우리와 함께하시는 그리스도를, '고난'은 그리스도를 믿음으로 겪는 내외적인 고난을, '죽음'은 자신의 옛 사람이 죽음으로 새 사람이 되는 것을 의미한다. 그리고 [10절]처럼 따르고 지킨 그리스도인들은 [11절]의 죽은 자 가운데서 부활하는 영광을 누리게 될 것을 시사한다.

목표를 향해 달리다

12 내가 그것을 이미 얻은 것도 아니고, 완전히 이룬 것도 아닙니다.

오로지 내가 그리스도 예수께 잡혔던 그것을 잡으려고 계속 좇아갈 뿐입니다.

13 형제들이여, 나는 아직 그것을 잡았다고 생각하지 않습니다.

나는 내가 이룬 지난 일은 잊어버리고 오직 앞으로 올 그것을 잡기 위해 달려가고,

※지난 일: 유대인으로서의 특권이나 사도가 되어서 이룬 업적.

14 또 그리스도 예수 안에서 하나님이 위에서 불러 주실 상을 목표로 달려가고 있습니다.

※상: 그리스도 안에서 이루어질 구원의 완성을 의미한다.

15 그러므로 누구든지 하나님께 선택된 사람은 이런 생각으로 살아야 합니다.

하지만 여러분이 무슨 일이든 나와 다른 생각이 있다면 그것도 하나님이 가르쳐 주실 것입니다.

16 그러니 우리가 어디까지 도달했든지 각자 믿음의 크기에 맞춰 서로 돕고 실천합시다.

tip 달려가고 있다

바울은 그리스도와 하나가 되기 위해서는 최선을 다해 계속 노력해야 한다고 강조한다. 당시 빌립보 성도들 가운데 외적인 율법이나 의식을 강조하고 자신이 받은 은혜가 전부이자 완성이라는 사람들이 있었기 때문으로 보인다. 바울은 그리스도인들이 살아가면서 계속 목표인 그리스도를 바라보고 그에게 다다르기 위해서 최선을 다해야 한다는 것을 말하고 있다.

하늘에 있는 시민권

17 형제들아, 다 함께 나를 본받고, 우리를 본보기로 삼은 것처럼 우
리를 따라 사는 사람들을 눈여겨보십시오.

※우리: 바울 자신과 디모데와 에바브로디도를 가리키는 것으로 보인다.

18 내가 여러분에게 거듭 말했고 지금도 눈물을 흘리며 말하지만, 많
은 사람이 그리스도의 십자가의 원수로 살아갑니다.

※십자가의 원수: 그리스도의 은혜와 율법까지 부정하고 방탕하게 사는 자들을 가리킨다.

19 그들의 끝은 멸망입니다. 그들은 쾌락을 하나님으로 삼고, 수치스
러운 짓을 영광으로 삼고, 땅의 일만 생각합니다.

※땅의 일: 하늘의 일과 반대되는 개념으로 세상의 물질적인 가치를 가리킨다.

20 그러나 우리의 시민권은 하늘에 있습니다. 우리는 그곳에서 오
시는 구원자이신 주 예수 그리스도를 기다립니다.

21 그는 만물을 복종시킬 수 있는 권위와 능력으로 우리의 낮은 몸을
자신과 같은 영광의 몸으로 변하게 하실 것입니다.

4:1 그러므로 사랑하고 사모하는 나의 형제들이여, 나의 기쁨이요 승리
의 면류관인 사랑하는 자들이여, 이처럼 주님 안에 굳게 서십시오.

tip 낮은 몸, 영광의 몸

바울은 그리스도께서 다시 오실 때 이루어질 완전한 구원의 모습을 표현한다. '낮은 몸'은 사람의 연약한 육체를 의미하는 것으로 욕망, 질병, 죽음, 고난 등에 무방비 상태로 놓여 있으며 죄짓기 쉽고, 죽어서 썩어질 몸을 가리킨다. 그리스도인들은 '만물을 복종시킬 수 있는 자' 곧 그리스도께서 다시 오실 때 그리스도께서 부활하실 때 입으셨던 '영광의 몸', '썩지 않는 몸'으로 변하게 될 것이다. 한편, 바울에게 빌립보 성도들의 영적인 성장은 그에게 기쁨이 된다. 그들은 훗날 하나님 앞에서 그의 수고가 헛되지 않음을 보여 주는 증거이며, 그에게 주어질 상의 근거이기 때문이다.

4장 마지막 충고

2 나는 유오디아와 순두게는 주님 안에서 사랑하는 마음을 품길 권합니다.
흥!
쿵!
※유오디아(Euodia), 순두게(Syntyche): 빌립보 교회의 여자들로 서로 불화가 심했던 걸로 보인다.
3 나의 진정한 동지인 그대에게도 부탁합니다.
저요?
저요?
※그대: 빌립보 교회를 위해 바울과 함께했던 사람 중에 하나로 보인다.
나와 함께 복음을 전하는 일에 애쓰던 이 여인들과 글레멘트와 그 외 나의 동료들을 도와주십시오.
※여인들: 유오디아와 순두게를 가리킨다.
※글레멘트(Clement): 전혀 알려진 것이 없다.
그들의 이름은 생명책에 기록되어 있습니다.
생명책
생명책
※생명책: 예수님은 '너희 이름이 하늘에 기록될 것이다'라고 하셨다.
Link 누가복음 10:20
Link 요한계시록 21:27
4 주님 안에서 항상 기뻐하십시오. 다시 말합니다. 기뻐하십시오.
갇혀 있는데 뭐가 그리 좋아요?
죄목이 반역이라 까딱하면 죽어요.
5 여러분의 흔들리지 않는 평정심과 너그러운 마음을 모든 사람에게 알리세요.
가진 거 다 내놔!
왜 웃어? 죽을래?
주께서 가까이 오셨습니다.
우우우웅
이…건…?!
뭐지?!
니들은 큰일 났다.
우리 주님이 오셨거든.
6 아무 염려하지 말고, 오직 모든 일에 기도로 구하되 원하는 것을 감사하는 마음으로 하나님께 구하십시오.
크아아아아
놈들이 다가왔어!
뭐해? 빨리 튀자!
7 그러면 사람의 헤아림을 뛰어넘는 하나님의 평안이 그리스도 예수 안에서 여러분의 마음과 생각을 지켜 줄 것입니다.
이 보호막은 언제?
퍽
퍽
크아악
접근을 못하네!

8 마지막으로 형제들이여, 언제나 참되며, 경건하며, 옳으며, 순결하며, 사랑스러우며, 명예로우며, 또 덕이 되는 것과 칭찬받는 것을 생각하십시오.

9 그리고 내게 배우고 받고 듣고 본 것들을 실천하십시오. 그러면 평안의 하나님이 여러분과 함께하실 것입니다.

tip 8가지 덕목

① 참되다: 하나님의 속성이자 믿는 자의 특징이다.
② 경건하다: 특히 교회 지도자들에게 요구되는 덕목이다.
③ 옳다: 하나님께 옳다고 인정받는 것을 가리킨다.
④ 순결하다: 도덕적으로 깨끗한 상태를 가리킨다.
⑤ 사랑스럽다: 즐겁고 유쾌하며 사랑스러운 사람을 가리킨다.
⑥ 명예롭다: 정중하고, 고상한 인품을 가리킨다.
⑦ 덕: 도덕적으로 뛰어난 것을 가리킨다.
⑧ 칭찬: 도덕적으로 인정받아 칭찬받는 것을 가리킨다.

빌립보인들의 선물에 대한 감사

10 여러분이 나를 생각하는 마음이 마침내 다시 생겨난 것을 보니 내가 주님 안에서 크게 기뻐합니다.

역시 여러분은 항상 나를 생각했지만 그것을 보여 줄 기회가 없었던 것입니다.

11 이건 내가 궁핍해서 하는 말이 아닙니다. 나는 어떤 형편에서든 스스로 만족하는 법을 배웠습니다.

12 나는 비천하게 살 줄도 알고, 풍족하게 살 줄도 압니다.

나는 어떤 경우에도 배부름과 굶주림, 풍족함과 궁핍함에 적응하는 비법을 배웠습니다.

13 나는 내게 능력을 주시는 그리스도 안에서 모든 것을 할 수 있습니다.

14 하지만 여러분이 나의 고난에 동참해서 도와준 것은 잘한 일입니다.

15 빌립보의 사람들아, 여러분도 아는 것처럼 내가 복음을 전하던 초기, 곧 마케도니
아를 떠날 때 나와 주고받으며 동참한 교회는 여러분밖에 없었습니다.

16 내가 데살로니가에 있을 때도 여러분은 내가 쓸
것을 몇 번 보내 주었지만,

※떠날 때: 약 10년 전 바울이 빌립보 사역을 마치고 떠날 때. Link 사도행전 16:40

※있을 때: 바울은 데살로니가에서도 직접 일을 했다. Link 사도행전 17:1 Link 데살로니가전서 2:9 Link 데살로니가후서 3:8

17 나는 선물을 바라는 것이 아니라, 오직 그것으로 인해 여러분이
영적으로 유익한 열매를 맺길 바랄 뿐입니다.

18 나는 여러분이 에바브로디도를 통해 보내준 모든 것을 받아서 풍
족합니다. 그것은 향기로운 제물이며, 하나님이 기쁘게 받으시는
제물입니다.

※선물: 일반적인 선물이 아니라 생계에 필요한 물품을 가리킨다.

19 이제 은혜가 가득하신 나의 하나님이 그리스도 예수 안에 있는 영광으로 여러분에게 필
요한 모든 것을 채워 주실 것입니다.

20 하나님 우리 아버지께 영원토록 영광을
돌려드립니다. 아멘.

마지막 인사

21 그리스도 예수 안에 있는 빌립보의 모든
성도에게 안부를 전해 주십시오.

22 그 외 모든 성도와 특히 로마 황제의 집안
에 속한 몇몇 사람들도 여러분에게 안부를
전합니다.

23 우리 주 예수 그리스도의 은혜가 여러분의
마음과 함께하길 바랍니다.

※형제들: 디모데와 에바브로디도와 로마에 있는 성도들을 가리킨다.

3. 골로새서

1장 인사

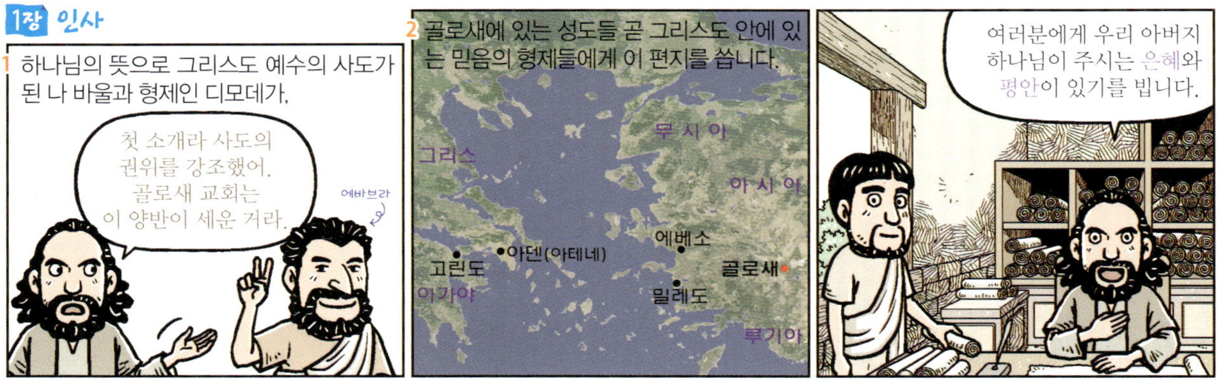

※은혜: 그리스도를 통해 주어지는 구원을 가리킨다.
※평안: 하나님과 사람이 화해가 이루어진 상태를 가리킨다.

바울의 감사

※우리: 바울과 디모데를 가리키는 것을 보인다.

※소망: 부활, 구원, 영원한 생명 등 하나님의 축복을 의미한다.

※온 세상: 바울이 복음을 전했던 아시아, 마케도니아, 그리스, 로마 등을 가리킨다.

※에바브라(Epaphras): 골로새 교회의 설립자로 로마 옥중에 있던 바울을 돕기도 했다. 빌립보의 에바브로디도와는 다른 사람이다.

바울의 기도

※하나님을: '하나님의 뜻'을 깨닫는 것보다 좀 더 깊은 영적 성장을 의미한다.

※빛: 구약의 가나안 땅과는 달리 누구도 가로챌 수 없는 영적인 영역을 가리킨다.

그리스도의 권위

※어둠의 세력: 사탄의 세력을 가리키며, 예수님도 유대인들에게 체포되기 전에 언급하신 적이 있다.

Link 누가복음 22:53

※본 것: Link 요한복음 14:9

※근원: 교회는 부활하신 생명인 그리스도를 통해 생명을 얻고 존재할 수 있다.

※천사들: 당시 천사를 숭배하는 사람들에 대한 경고로 보인다.

※충만함: 하나님의 모든 것, 의, 지혜, 권위, 능력, 축복, 은혜 등을 가리킨다.

※소망: 심판의 날에 있을 완전한 구원에 대한 소망을 의미한다.

※이 복음: 하나님으로부터 시작된 진정한 복음을 의미한다.

tip 십자가의 피로 화해시키다

그리스도의 희생으로 하나님을 떠나 하나님과 원수가 되어 악행을 저지르던 사람들은 하나님과 화해한다. 그의 희생을 통한 화해는 온 세상 모든 사람에게 영향을 미치지만, 세상 모든 사람이 자동적으로 하나님과의 화해되었다는 의미는 아니다. 즉, 그 화해는 온 세상에 영향을 미치지만, 죄에서 벗어나지 않고 그 화해의 은총을 거부한 사람들은 여전히 하나님과 멀리 떨어져서 죄 가운데 머문다.

바울의 순종

※기뻐하고: 바울은 자신의 고난이 에베소 교인의 영광이 될 거라고 했다. Link 에베소서 3:13

※남은 고난: 그리스도와 한 몸을 이루는 교회가 마땅히 받아야 하는 고난을 가리킨다.

※이제: 그리스도가 오신 이후를 가리킨다.

※우리: 그리스도만을 전하는 바울과 디모데, 에바브라를 가리키며, 거짓 선생들과 구분하고 있다.

2장 그리스도 안에서 살다

※라오디게아(Laodicea): 골로새 서쪽 약 16km에 위치한 부유한 도시로 에바브라에 의해 교회가 세워진 것으로 보인다.

※그밖에: 골로새 북서쪽 약 18km에 위치한 히에라볼리(Hierapolis)로 추정한다.

tip 하나님의 비밀인 그리스도

당시 교회들은 교회를 위협하는 세력, 즉 유대인 율법주의자와 거짓 선생과 이단 등과 싸우고 있었다. 그런데 그들은 교회 내부의 그리스도인이었다. 이에 바울은 기도를 통해 함께 싸우고 있으며, 하나님의 비밀인 그리스도를 통해 하나님의 모든 계획과 지혜를 알 수 있다고 한다. 그리고 그리스도인들은 거짓된 말에 현혹되지 말고 그리스도 안에 있는 하나님의 비밀을 깨닫도록 함께 싸워야 한다고 말한다.

세상의 헛된 철학

※철학, 속임수: 당시 그리스도인을 현혹하던 이단의 철학이나 천사 숭배 등을 가리킨다.

※다른 건: 이단이나 천사 숭배나 율법주의 등을 가리킨다.

그는 하늘의 모든 천사들의 머리이십니다.

※천사: 바울은 당시 천사 숭배를 염두에 두고 말하고 있다.

11 여러분은 그 안에서 손으로 하지 않는 할례, 곧 육체를 벗는 그리스도의 할례를 받았습니다.

※할례: 옛 사람을 벗고 새 사람이 되는 할례. 즉 그리스도의 죽음과 부활을 믿고 새로 태어나는 영적 할례를 가리킨다.

12 여러분은 세례로 그리스도와 함께 죽었고, 또 그를 죽은 자들 가운데서 살리신 하나님의 능력에 대한 믿음으로 그 안에서 그와 함께 살아났습니다.

13 또 여러분은 지은 죄와 할례를 받지 않은 몸 때문에 죽었지만,

하나님은 여러분을 그와 함께 살리시고, 우리의 모든 죄를 용서해 주셨으며,

※우리: 유대인과 이방인을 포함한 모든 그리스도인들을 가리킨다.

14 우리에게 불리하고, 우리의 죄를 고발한 문서를 십자가에 못 박아 없애 버리셨습니다.

※문서: 사람을 죄짓게 하고 무거운 짐이 된 율법을 가리킨다.

15 그리고 모든 악한 천사들을 굴복시켜서 온 세상에 드러내시고 십자가의 승리를 보여 주셨습니다.

※악한 천사들: 하나님의 뜻을 거역하는 이단의 철학이나 천사 숭배나 율법주의 등을 의미한다.

tip 그리스도와 함께 죽고, 함께 살다

'육체를 벗는 그리스도의 할례'의 외적인 의식이 세례다. 그것은 하나님께서 그리스도를 죽은 자들 가운데 살리셨다는 믿음이 있어야 한다. 세례를 받는 사람은 그리스도와 함께 죄악의 노예였던 옛 사람이 죽고, 하나님께서 그리스도를 살리신 것을 믿는 것처럼 그리스도와 함께 새 생명으로 다시 살아난다. 그는 과거의 옛 사람이 아니라 죄악의 노예에서 벗어나 새 사람으로 다시 태어난 것이다.

율법주의를 비판하다

16 그러니 먹고 마시는 일이나 명절이나 매월 첫날이나 안식일 문제로 누구든 여러분을 심판하지 못하게 하십시오.

17 그런 것은 장차 올 일의 그림자일 뿐이요, 그 실체는 그리스도이기 때문입니다.

※먹고 마시는: 거짓 선생들의 금욕주의를 가리킨다.
※첫날(New Moon): 매월 1일에 지난 달의 은혜에 감사드리고, 오는 달의 은혜를 구하는 행사를 열었다.

18 누구든 위선적인 겸손과 천사 숭배를 요구
하면서 여러분을 심판하지 못하게 하십시
오.

그들은 자기가 본 환상과 인간적인 욕심
을 따라 허세를 부립니다.

19 교회는 머리인 그리스도로부터 각 마디와
힘줄로 서로 연결되어 영양을 공급받고,
하나님이 자라게 하십니다.

그런데 그들은 머리인 그리스도를 따르지
않습니다.

거짓 선생들에 대한 경고

20 여러분은 그리스도와 함께 죽어서 세상의
헛된 원리에서 벗어났는데 어째서 이 세상
의 율법을 따릅니까?

21 그들은 '붙잡지도 말고, 맛보지도 말고, 만
지지도 말라'라고 했는데,

22 그 모든 것은 잠깐 쓰다가 썩는 것으로서,
사람의 명령과 가르침을 따르는 것이며,

23 맘대로 섬기는 것과 위선적인 겸손과 몸을
괴롭히는 데는 쓸모 있을지 모르지만,

육체를 죄악에서 구원하는 데는 아무런 쓸
모가 없습니다.

※괴롭히는: 금욕주의를 가리킨다.

tip 거짓 선생들

거짓 선생들은 교회 안에서 그리스도의 명령에 반하는 가르침으로 성도들을 현혹했다. 그들은 그리스도께서 폐하신 율법을 지키기를 강조하고, 절대자이신 하나님을 사람이 직접 섬기는 것은 교만함으로 겸손하게 하나님 밑에 존재하는 천사를 섬겨야 한다고 주장했다. 또한 세상과의 접촉을 삼가고 금욕적인 생활을 통해서 거룩해질 수 있다고 주장하기도 했다. '붙잡지도 말고, 맛보지도 말고, 만지지도 말라'라는 구절은 이러한 금욕에 관련된 문구이다. 바울은 이와 같은 거짓 선생들의 가르침이 세상에 속한 헛된 가르침이라 말한다.

3장 그리스도인의 새로운 생활

1 그러므로 하나님이 여러분을 그리스도와 함께 살려 주셨으니 하늘에 있
는 것을 찾으십시오. 거기에는 그리스도께서 하나님의 오른쪽에 앉아 계
십니다.

※안에: 그 모든 것은 하나님의 계획 안에 있다.

※우리: 바울 자신까지 포함시키고 있다.

tip 우리의 생명이신 그리스도

바울은 [3절]에서 '여러분의 생명은 그리스도와 함께'라면서 서로 생명을 공유한다고 했지만 [4절]에서는 '우리의 생명이신 그리스도'라면서 그리스도가 곧 생명이라고 한다. 옛 사람이 죽고 새로 태어난 그 생명은 그리스도께서 다시 오실 때까지 믿지 않는 세상 사람들에겐 감추어진 비밀이다. 하지만 그리스도께서 다시 오실 때에는 그리스도의 모습처럼 완전한 부활의 모습으로 영광을 받고 그 비밀이 온 세상에 드러나게 된다.

※함께 섬길 수: Link 마태복음 6:24

※부끄러운 말: 음담패설이나 욕을 의미한다.

※지식: 하나님의 뜻.

오직 그리스도만이 모든 것이며, 모든 것 안에 계십니다.

12 그러므로 여러분은 하나님께 선택받은 거룩하고 사랑받는 사람들답게 자비심과 친절함과 겸손함과 온유함과 인내심을 옷처럼 입으십시오.

13 서로 불평할 일이 있더라도 서로 양보하고 용서하십시오.

14 이 모든 것 위에 사랑을 더하십시오. 사랑은 서로를 완전하게 묶는 띠입니다.

※사랑: 사랑은 율법의 완성이라고 했다.
Link 로마서 13:10

15 그리스도의 평안이 여러분의 마음을 다스리게 하십시오. 여러분이 교회의 한 몸이 되어 부르심을 받은 것은 그 평안을 나타내기 위해서입니다. 그러니 여러분을 하나님의 은혜에 감사하는 사람이 되십시오.

16 그리스도의 말씀이 여러분 속에 풍성하도록 해서, 모든 지혜로 서로 가르치고 권하고 시와 찬송과 영적인 노래를 부르며 감사함으로 하나님을 찬양하십시오.

※지혜: 하나님의 뜻을 파악하는 지혜를 말한다.

17 또 무엇을 하든지 모든 말과 행동을 주 예수의 이름으로 하고, 그를 통해 하나님 아버지께 감사하십시오.

tip 주 예수의 이름으로

'무엇을 하든지'는 삶 전체를 가리키며, '주 예수의 이름으로 말과 행동을' 한다는 것은 그가 주 예수께 순종한다는 것을 의미한다. 또 '그리스도를 통한 감사'는 그리스도께서 이 감사하는 행위에 대한 중재자이시며, 그리스도는 우리가 하나님 앞에 나아갈 수 있는 길을 만들어 주시는 분이라는 것이다. 즉, 그리스도인의 삶은 모든 말과 행동을 주 예수께 순종하면서 그를 통해 하나님께 감사드리는 영적 예배가 되어야 한다.

※영적 예배: Link 로마서 12:1

가족과 종들

18 아내들이여, 남편에게 순종하십시오. 그것이 주 안에서 마땅한 일입니다.

19 남편들이여, 아내를 사랑하고, 괴롭게 하지 마십시오.
20 자녀들이여, 반드시 부모에게 복종하십시오. 그것이 주를 기쁘게 하는 일입니다.
21 아버지들이여, 여러분의 자녀를 화나게 해서 의기를 꺾지 마십시오.

※앞서: Link 에베소서 5:25

22 종들이여, 반드시 육체의 주인에게 복종하십시오.
사람을 기쁘게 하기 위한 눈속임으로 하지 말고, 주를 두려워하면서 성실한 마음으로 하십시오.
23 무슨 일을 하든지 사람에게 하듯이 하지 말고, 마음을 다하여 주께 하듯이 하십시오.

24 그렇게 한다면 여러분은 주께 하늘의 유산을 상으로 받을 것입니다.
여러분이 섬기는 분은 주 그리스도이십니다.
25 그러나 종이나 주인이나 불의를 저지른다면 그 불의의 대가를 받을 것입니다.

※유산: Link 골로새서 1:5, 12, 27, 3:4

※외모: 사회적 지위나 권력 등 외적인 요인을 가리킨다.

4:1 주인들이여, 정당하고 공평하게 종들을 대하십시오. 여러분도 하늘에 주인이 계신다는 것을 아시기 바랍니다.

4장 권하는 말

2 항상 기도에 힘쓰고, 감사함으로 기도하면서 깨어 있으십시오.

※힘쓰고: 지속적으로 끈질기게 매달리는 것을 의미한다.

※우리: 바울과 디모데와 에바브라.
※비밀: 그리스도 안에서 이루어지는 하나님의 이방인을 위한 구원 계획.

※외부인: 비그리스도인을 가리킨다.
※소금: 재치, 지혜를 의미한다.

마지막 인사

※두기고(Tychicus): 아시아 지방의 대표로 바울과 예루살렘을 방문하기도 했다.
Link 사도행전 20:4
※갇혀: 영적으로 그리스도께 잡혀 있거나 실제로 바울과 함께 자발적으로 투옥되었다는 의미이다.

※오네시모(Onesimus): 빌레몬서에 등장하며, 골로새의 빌레몬에게서 도망친 노예이다.
※아리스다고(Aristarchus): 데살로니가 출신의 유대인이다.
Link 사도행전 19:29, 20:4, 27:2

※마가(Mark): 마가복음의 저자인 요한 마가를 가리킨다.
※지시: 이 지시에 대해서는 확인된 것이 없다.
※유스도(Justus): 유대인이라는 것 외엔 알려진 것이 없다.
※이들: 유대인 중에서 함께하는 자들, 즉 아리스다고, 마가, 유스도를 가리킨다.

※에바브라(Epaphras): 골로새 교회의 설립자. Link 골로새서 1:7
※누가(Luke): 누가복음의 저자이며, 늘 바울 곁을 지켰던 사람이다.
※라오디게아(Laodicea), 히에라볼리(Hierapolis): 골로새 서쪽 약 16km와 북서쪽 약 18km에 위치한 도시들로 에바브라에 의해 교회가 세워진 듯하다.

※데마(Demas): 데살로니가 사람으로 보이며, 후일 바울 곁을 떠난다. Link 디모데후서 4:10
※눔바(Nympha): 한 여성의 이름으로 더 이상 알려진 것이 없다.
※오는 편지: 바울이 라오디게아 교회에 보낸 편지로 분실된 것으로 추정된다.

※아킵보(Archippus): 골로새 교회의 사역자로 빌레몬의 아들이거나 가까운 사이로 보인다.
Link 빌레몬서 1:2

4. 빌레몬서

1장 인사

※디모데(Timothy): 바울과 함께 3년 동안 에베소에 있었다. Link 사도행전 19:22

1 그리스도 예수를 위해 갇혀 있는 나 바울과 형제 디모데가 사랑하는 동료 빌레몬과 자매 압비아와 전우 아킵보와 그대의 집에서 모이는 교회에 이 편지를 씁니다.

※빌레몬(Philemon): 골로새 교회의 지도자로 바울의 에베소 전도 때 그리스도인이 된 것으로 보인다
※압비아(Apphia): 빌레몬의 아내로 추정한다.

3 하나님 우리 아버지와 주 예수 그리스도의 은혜와 평안이 여러분에게 있기를 빕니다.

빌레몬의 사랑과 믿음

4 나는 기도할 때마다 항상 그대를 생각하고 나의 하나님께 감사합니다.

5 그것은 주 예수와 모든 성도에 대한 그대의 사랑과 믿음을 들었고,

6 그대가 믿음으로 베푼 그 사랑이 모든 선한 것을 깨닫게 해서 그리스도께 이르도록 할 것이기 때문입니다.

※선한 것: 하나님의 은혜와 축복을 가리킨다.

7 형제여, 그대의 사랑으로 성도들의 마음이 평안을 얻었다는 말을 들으니 나 또한 큰 기쁨과 위로가 되었습니다.

오네시모를 위한 부탁

8 나는 그대가 그리스도 안에서 마땅히 해야 할 일을 거리낌 없이 명령할 수도 있지만,

9 그대의 사랑에 기대어 간청을 하려고 합니다.

※오네시모(Onesimus): 빌레몬의 노예였다가 물건을 훔쳐 로마로 와서 바울을 만났다.

※선한 일: 하나님의 은혜로 베푸는 친절함이나 선행을 가리킨다.

※육체: 인간적인 관계, 즉 주인과 종의 관계를 말한다.
※주 안에서: 영적인 관계, 즉 그리스도 안에서 한 형제라는 걸 말한다.

18 만약 그가 그대에게 잘못이 있거나, 빚진
것이 있거든 내 앞에 달아 주십시오.

19 나 바울이 그것을 갚아 주겠다는 것을 친
필로 씁니다.

그리고 나 또한 그대가 내게 빚진 것에 대
해 아무 말도 하지 않겠습니다.

※빚진 것: 바울이 빌레몬을 그리스도인으로 개
종시킨 것을 가리키는 것으로 보인다.

20 형제여, 내가 그대를 통해 주 안에서 기쁨
을 얻고, 그리스도 안에서 내 마음이 평안
을 얻게 해주십시오.

21 나는 그대의 순종을 확신하며 이 글을 쓰
고,

그대는 내가 말한 것보다 더 해줄 것을 압
니다.

22 그리고 나를 위해 숙소를 마련해 주십시오. 여러분의 기도로 내
가 여러분에게 갈 수 있게 해주시기를 바랍니다.

tip 도망친 노예

오네시모는 골로새에 사는 빌레몬의 재산에 손해를 끼치고 로마로 도망친 노예였고 바울을 만나 그리스도인으로 개종했다. 당시 노예는 주인의 재산이었고, 노예의 생사여탈권을 쥔 주인은 도망친 노예를 죽일 수도 있었다. 하지만 바울은 사도의 권위를 내세워 빌레몬에게 명령하기보다 그의 사랑에 호소했다. 그 사랑은 하나님께서 우리의 죄를 용서하시고 구원하신 바로 그 사랑이다. 바울은 빌레몬에게 그 사랑을 상기시키면서 오네시모를 용서하길 간청한다. 빌레몬서는 '서로 사랑하라'라는 그리스도의 가르침을 어떻게 실천해야 하는지 잘 보여 준다.

※서로 사랑하라: Link 요한복음 13:34

마지막 인사

23 그리스도 예수 안에서 나와 함께 갇힌 에바브라와 나의 동료인 마가와 아리스다고
와 데마와 누가가 인사를 전합니다.

25 주 예수 그리스도의 은혜가 여러분과 함께하기
를 빕니다.

목회서신

- 디모데전서, 디도서, 디모데후서

●디모데와 디도 Timothy & Titus

디모데는 루스드라 출신으로 아버지는 그리스인, 어머니는 유대인이었다. 그는 바울의 1차 선교 여행 때 그리스도인이 되었으며, 바울의 2차 선교 여행에 합류했다. 그는 선교 여행 내내 바울의 곁을 지켰으며, 바울은 그런 그를 '믿음의 아들'이라고 불렀다. 디도는 바울이 제자로 삼은 그리스인으로 디모데와 함께 바울의 선교 여행의 중요한 조력자였다. 바울은 그런 그를 '참 아들'이라고 불렀다.

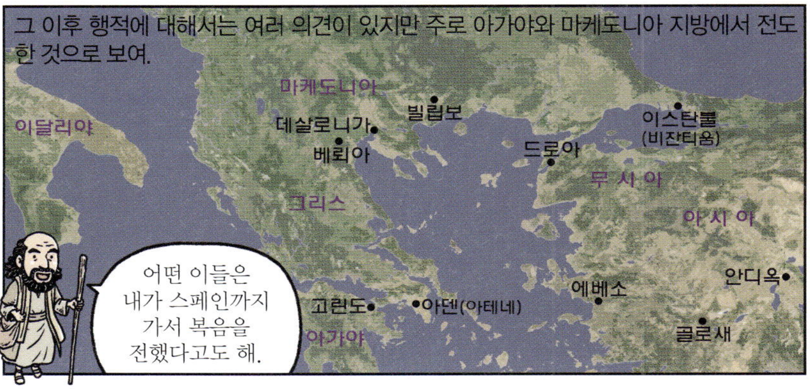

하지만 A.D.64년 7월 로마 대화재로 로마의 민심이 흉흉해지자,
당시 로마 황제였던 네로는 그리스도인들을 희생양으로 삼기로 했어.
정치의 꽃은 거짓 선동질이죠.
시민들을 선동해서 유대인들에게 덮어씌웁시다.
그 후, 바울은 다시 잡혀서 투옥되었는데, 그때를 전후로 3편의 편지를 써.
나간 지 얼마나 됐다고 또 잡혀 와?
이를 흔히 목회서신이라고 하는데,
디도서
A.D. 64~65년경
디모데전서
A.D. 63~64년경
디모데후서
A.D. 66~67년경
두 편은 투옥되기 전 마케도니아나 아가야에서 썼고,
한 편은 투옥된 후에 감옥에서 기록했어.
그래서 마지막 편은 분위기도 달라.
바울은 이를 통해 자신이 아끼던 젊은 목회자들에게 당부의 말을 남겼고,
우리는 각각 에베소와 그레데섬에서 교회를 책임지고 있었지.
특히 디모데후서는 바울이 자신의 죽음을 예감하고 지난날을 회고하면서 전하는 유언이기도 해.
아무래도 이번엔 나가지 못할 것 같구나.
그리고 바울은 A.D.67년경 다시 자유의 몸이 되지 못하고 순교하지.
30년이 넘는 기간 동안 숱한 고초를 겪으면서 이방인의 사도로 복음 전도에 모든 것을 바친 바울의 마지막 서신들은 두 목회자뿐만 아니라 오늘날 모든 성도에게 전하는 그의 유언으로 볼 수도 있어.
그 긴 시간을 말씀을 따라 여기까지 왔네.
이제 그분의 마지막을 보자.
힝!

1. 디모데전서

1장 인사

1 우리의 구세주이신 하나님과 우리의 소망이신 그리스도 예수의 명령으로 사도가 된 나 바울이,

2 나의 참된 믿음의 아들인 디모데에게 이 편지를 쓰노라.

tip 믿음의 아들

디모데는 바울의 1차 전도 여행에서 그리스도인이 된 것으로 보이며, 2차 전도 여행에서 바울의 여행에 합류한다. 디모데는 바울에게 신앙 교육을 받았고, 그가 신임하는 동역자가 되었다. 여기서 '믿음의 아들'은 스승과 제자 사이로 디모데가 바울의 영적인 아들이라는 의미이다. 당시엔 '스승과 제자'사이를 '아버지와 아들'로 표현하기도 했다. 바울은 거짓 선생들로 혼탁했던 에베소 교회에 남겨둔 젊은 목회자 디모데를 위한 조언을 편지로 써서 보낸다.

※합류: Link 사도행전 16:3

거짓 가르침에 대한 경고

3 내가 마케도니아로 떠날 때에 네게 에베소에 머물라고 부탁한 것은

누구든지 그곳에서 잘못된 교훈을 가르치지 못하게 하고,

※떠날 때: 로마의 구속에서 벗어난 바울은 디모데와 함께 그레데섬을 지나 에베소까지 왔다가 마케도니아로 떠난 것으로 보인다.

4 신화나 끝없는 족보 이야기에 매달리지 않도록 하려는 것인데, 그런 것들은 믿음만으로 얻을 수 있는 하나님의 계획을 이루기보다는 오히려 쓸데없는 논쟁을 일으킬 뿐이다.

5 내가 이렇게 부탁하는 건 깨끗한 마음과 선한 양심과 거짓 없는 믿음에서 우러나오는 사랑으로 서로를 대하게 하려는 것이다.

디모데전서

tip 신화와 끝없는 족보

가문을 소중하게 여기는 유대인들은 하나님과 인간 사이는 끝없는 족보로 이어져 있다고 믿었고, 상상력을 동원해서 구약의 조상들을 중심으로 신화와 족보를 만들고 자신들과 연결시켰다. 그들은 자신들이 만든 복잡하고 난해한 신화와 족보로 대중 앞에서 자신들의 권위와 선택받은 민족이라는 우월성을 내세웠다. 하지만 그들이 만든 신화와 족보는 끝없는 논쟁과 교회의 분열을 불러일으킬 뿐이었다.

※바른 교훈: 율법의 가르침을 의미한다.

※영광스러운 복음: 예수 그리스도를 통해 전해진 구원의 소식은 하나님의 영광을 드러낸다.

tip 율법은 선하다

바울은 이미 율법은 선하고 거룩하다고 말했다. 율법은 인간의 구원을 완성할 수는 없으나 인간이 죄인임을 알려 주고, 악한 자의 죄를 드러내어 의롭게 변화시키며, 구원으로 인도하는 역할을 한다. 세상의 법도 의로운 사람을 억압하기 위해서가 아니라 악한 자의 죄를 다스리기 위해 존재하는 것처럼, 율법 또한 의로운 자를 위해서가 아니라 의롭지 못한 자들을 위해 존재한다. 하지만 그것이 의로운 사람에게 세상의 법이나 율법이 필요 없다는 뜻은 아니다.

※율법은 선하다: Link 로마서 7:12 Link 갈라디아서 3:24, 4:5

주의 은혜에 감사하는 바울

디모데전서

※앞선 부탁: [3~17절]을 가리킨다.

※이전: 바울이 디모데에게 목회자의 임무를 맡길 때를 말한다.

※후메내오(Hymenaeus): 이단 선생으로 교회를 혼란에 빠뜨렸다. Link 디모데후서 2:17

※알렉산더(Alexander): 당시 흔한 이름으로, 바울에게 해를 끼친 자로 본다. Link 디모데후서 4:14

※사람이신: 그리스도는 하늘 너머 멀리 있는 신이 아니라 바로 우리 곁에 함께 계셨던 분임을 강조하고 있다.

tip 왕을 위한 기도

왕을 위한 기도는 실상 왕이 아니라 왕의 통치를 받고 있는 백성을 위한 것이다. 통치자의 상황은 나라의 안녕과 사회에 중대한 영향을 미친다. 통치자와 그 권력이 평안할 때 백성도 평화롭고, 그리스도인들도 안정된 신앙생활을 할 수 있다. 당시는 로마의 네로 황제가 그리스도인들을 극심하게 박해하던 때라 바울의 명령은 더 의미가 있다.

※다툼: 당시 유대인들은 여전히 이방인들을 배척하면서 분쟁을 일으켰다.

여성의 덕

12 나는 여자가 가르치거나 남자를 지배하는 것을 허락하지 않는다. 여자는 조용해야 한다.

13 그것은 아담이 먼저 지어졌고, 그 다음에 하와가 지어졌으며,

14 아담이 속은 것이 아니라, 여자가 속아서 죄에 빠졌기 때문이다.

15 그러나 여자들이 믿음과 사랑과 거룩함으로 정숙하게 살면 죗값으로 받은 출산의 고통 속에서도 구원을 얻을 것이다.

※죗값: 금지된 선악과를 먹은 대가로 여자는 출산의 고통을, 남자는 평생 땀 흘려 일해야 하는 형벌을 받았다. Link 창세기 3:16, 17

tip 여자는 언제나 순종하라

이 말은 여자는 교회의 집회에서 나서지 않고 교회의 권위와 법과 질서에 순종해야 한다는 것으로 여자가 가르치거나 남자를 다스리는 것을 허락하지 않는 것과 연결된다. 이것은 교회에서 요구되는 사항이지 가정에서까지 제한하는 것은 아니며, 남성이 여성보다 우월하다는 것이 아니라 하나님이 남자에게 맡기신 책임과 하나님의 창조의 질서를 말하는 것이다. 아담을 먼저 짓고, 하와를 지은 것은, 하나님의 절대적인 주권에 속한다. 또한 하와는 순종하는 대신 앞장섬으로써 사탄의 유혹에 빠져 모든 인류를 죄의 노예로 만들었다. 그녀는 이제 그 죄악 때문에 남편에게 순종해야 한다.

3장 교회 감독의 자격

1 어떤 사람이 감독이 되고자 한다면 그는 분명히 선한 일을 바란다고 할 수 있다.

※감독(overseer): 목사, 장로, 그 외 사역자들을 가리킨다.
※선한 일: 하나님의 영광을 위한 교회의 모든 일을 의미한다.

2 그러므로 감독은, 비난받을 일이 없으며, 한 아내의 남편이며,

※한 아내: 현재의 한 아내에게 충실해야 한다는 뜻이다.

절제하며, 신중하며, 단정하며, 나그네를 대접하며, 가르치기를 잘하며,

※나그네: 먼 곳에서 온 그리스도인은 이교도들이 많은 숙소를 피해 그리스도인의 집을 찾아가서 묵었다.

3 술을 즐기지 않으며, 난폭하지 않으며, 너그러우며, 다투지 않으며, 돈을 사랑하지 않으며,

4 자기 집을 잘 다스려 품위 있는 행동으로 자녀들을 순종하게 하는 사람이라야 한다.

5 자기 집을 다스리지도 못하면서 어찌 하나님의 교회를 돌볼 수 있겠느냐?

6 새로 교회에 나온 사람도 안 된다. 그러면 그가 교만해져서 사탄이 받을 심판에 떨어질지도 모른다.

7 또한 감독은 교회 밖의 사람들에게도 좋은 평판을 받는 사람이라야 한다.

그래야 그가 비난받지 않으며, 사탄의 덫에 걸리지 않을 것이다.

※사탄(Satan): 하나님의 창조물인 사탄은 교만에 빠져서 타락했으며 그에 대한 심판을 받을 것임을 암시한다.

※감독: Episkopes로 내려다보다, 돌보다, 감독하다는 의미를 가지고 있다.

tip 목회자의 자격

바울이 목회자에게 요구하는 15가지 중에, ①절제: 쾌락을 삼가고 영적으로 깨어 있어야 한다. ②신중: 충동적이지 않고 차분해야 한다. ③단정: 예의가 바르게 행동해야 한다. ④잘 가르침: 하나님 말씀을 잘 가르쳐야 한다. ⑤난폭: 행동뿐만 아니라 거친 말도 포함한다. ⑥너그러움: 호의, 친절, 참을성, 동정심, 관대함, 다정함을 뜻한다. ⑦다툼: 자기 주장만 내세우는 다툼을 말한다. ⑧돈을 사랑: 재물을 모으려고 애쓰는 것을 말한다.

집사의 자격

8 이처럼 집사들도 품위가 있으며, 한 입으로 두 말을 하지 않으며,

술을 탐닉하지 않으며, 부정한 이득을 탐내지 않으며, 믿음의 비밀을 깨끗한 양심에 간직한 사람이라야 한다.

※집사: Diakonous로 종, 섬기는 자, 봉사하는 자라는 의미이다.

※믿음의 비밀: 믿음을 통해서 드러나는 예수 그리스도의 구원 계획.

10 이런 사람들을 먼저 시험해 보고, 문제될 것이 없으면 집사의 일을 하게 하라.

11 여자들도 이처럼, 품위 있으며, 험담하지 않으며, 절제하며, 모든 일에 성실해야 한다.

12 집사들도 한 아내의 남편이며, 자녀와 자기 집을 잘 다스리는 사람이라야 한다.

13 집사의 일을 잘한 자들은 많은 찬사를 얻고, 그리스도 예수 안에 있는 믿음에 더 큰 확신을 가지게 될 것이다.

경건의 비밀

14 내가 곧 네게 가기를 바라면서도 이 편지를 쓰는 것은,

15 만약 내가 늦어지더라도 하나님의 집에서 어떻게 처신해야 하는지를 알게 하려는 것이다.

tip 에베소 교회의 이단들

바울은 에베소 교회가 거짓 선생들로 인해 더럽혀질 것을 경고하면서 그것이 성령의 예언이라고 밝힌다. 에베소 교회의 이단은 금욕주의자들이다. 그들은 물질은 악하고, 육체는 악에 빠지는 원인이며, 결혼을 부정하게 여기고, 어떤 음식들을 금지했다. 또한 금욕을 통해 거룩하게 될 수 있다고 했다. 특정한 음식을 금지하는 것은 모세의 율법에 있지만 그리스도는 사람들을 율법으로부터 자유롭게 하셨다.

그리스도의 일꾼

※교훈: [1~5절]의 내용을 가리킨다.

※성장: 디모데는 유대인인 할머니와 어머니의 신앙을 배우며 자랐다.

※몸의 훈련: 육제적인 운동뿐만 아니라 금식 기도와 같은 외적인 행위를 포함한다.

※이 말: [8절]보다 [10절]의 말씀을 가리킨다는 견해가 우세하다.

※그것: [8절]의 경건함을 가리킨다.

tip 하나님께 소망을

경건이란 순결한 양심으로 하나님을 섬기는 마음 상태를 가리킨다. 바울은 그리스도인이 고난을 이겨내고 애써 경건해진다면 영원한 생명을 얻을 것이라고 위로한다. 또 우리가 수고하며 애쓰는 이유가 지금 하나님과 함께하면서 장차 기쁘고 복된 날을 소망하기 때문이며, 그것은 곧 하나님의 약속이므로 지금의 고난을 견뎌낼 수 있다고 한다. 이는 하나님이 '모든 사람 특히 믿는 사람의 구세주'이기 때문이다. 하나님의 구원은 모든 사람을 위해서 열려 있지만 그 구원을 믿고 받아들이는 자들만 구원을 얻을 수 있다는 의미이다.

※이것들: [6~10절]에서 말한 것을 가리킨다.

※장로들의 의식: 하나님의 축복과 권위로 교회의 지도자로 세워지는 것을 말한다. ※받을 때: 이때가 언제인지 정확지 않다.

※모든 일: 에베소 교회를 돌보는 모든 일을 가리킨다.

그렇게 한다면 네 자신과 너의 말을 듣는 사람들을 구원할 것이다.

5장 성도들을 대하는 태도

1 늙은 남자는 꾸짖지 말고 아버지를 대하듯이 권고하고, 젊은이는 형제를 대하듯이 하라.
늙은 여자는 어머니를 대하듯이 하고, 젊은 여자는 순결한 마음으로 자매를 대하듯이 하라.

3 혼자 남은 과부를 존중하고 돌보아라.

4 어떤 과부에게 자녀나 손자들이 있으면, 그들이 먼저 자기 집에서 효도를 하고 부모에게 보답하는 걸 배우게 하라.

5 혼자 남아서 의지할 데가 없고 밤낮으로 간절히 기도를 하는 과부는 하나님께 소망을 두지만

6 방탕하게 사는 과부는 몸은 살아 있으나 영적으로 죽은 것이다.

※방탕: 당시엔 빈곤이 만연했고 일할 기회도 적었기 때문에 과부들은 부도덕한 일을 하는 경우가 많았다.

7 너는 그녀들에게 이런 것을 명령하여, 그들이 비난을 받지 않도록 하라.

※이런 것: [3~6절]까지를 가리킨다.

8 누구든 자기 친척 특히 자기 가족을 돌보지 않으면, 믿음을 저버린 자요, 믿지 않는 자보다 더 악한 자다.

9 과부의 명단에 올릴 여자는, 60세가 넘어야 하고, 한 남편의 아내여야 하고,

1. 재혼할 수도 없고, 홀로 살기도 어려운 나이
2. 충실한 결혼 생활

※한 남편: 바울은 [14절]에서 젊은 과부에게 재혼을 권한다. 고로 재혼 여부가 아니라 결혼 생활에 충실했는지를 따지는 것이다.

선행을 인정받아야 하는데, 자녀를 기르거나, 나그네를 대접하거나, 성도들에게 헌신하거나, 고난에 처한 사람을 도와주거나, 모든 선한 일에 열심인 사람이라야 한다.

※나그네: 초대 교회에서는 타 지역에서 온 그리스도인들을 대접하는 것이 공식적인 일이었다.
※고난: 그리스도인들이 박해받는 것을 말한다.

11 젊은 과부는 명단에 올리지 말라. 그녀들은 정욕에 이끌리면 그리스도를 거슬러 결혼하려 할 것이고, 처음 서약을 저버렸기 때문에 비난을 받을 것이다.
남편이 없다고 차별해?
우린 사랑도 하면 안 되는 거야?
※서약: 과부 명단에 오르는 여자는 남은 평생을 그리스도께 헌신할 것을 서약한다.
13 또 그녀들은 이 집 저 집 돌아다니면서 빈둥거리는 것을 배울 것이고, 쓸데없는 수다를 떨고, 남의 일에 참견하고, 해서는 안 될 말을 할 것이다.
길동이네 엄마가 남편 몰래 주식을 하다가….
어머나, 그런 일이?
※돌아다니면서: 성도들의 집을 방문해서 신앙 상담이나 조언을 하는 것을 가리킨다.
14 그러니 젊은 과부는 재혼해서 아이를 낳고 가정을 다스리게 해서 적대자들에게 비난할 기회를 조금도 주지 말기를 바란다.
※적대자: 그리스도를 믿지 않는 사람들을 가리킨다.
15 어떤 젊은 과부들은 이미 사탄을 따라갔다.
젊은 과부들은 자주 문제를 일으켜요.
그들은 교회와 믿음을 떠났으니 사탄에게 간 거죠.
16 여신도의 집안에 과부가 있거든 자신이 도와주고 교회에 짐을 지우지 말아야 한다.
당신은 능력이 되니 직접 도와야 해요.
그래야 교회가 혼자 남은 다른 과부들을 더 잘 도울 수 있지요.
장로들을 대하는 태도
17 교회를 관리하는 장로들은 두 배로 존경을 받아야 하고,
장로님 것
※존경: 특별한 존경과 풍족한 보상을 의미한다.
특히 말씀을 전하는 일과 가르치는 일에 수고하는 장로들은 더욱 그렇다.
장로님은 덤으로 한 조각 더.
콜라는?
※장로들: 말씀을 전하고 가르치는 장로는 오늘날의 목사와 같은 역할을 했다.
18 성경에서는 이렇게 말했다.
타작마당에서 곡식을 밟는 소의 입에 망을 씌우지 말라!
일하는 소는 곡식을 마음껏 먹게 했어.
※성경: Link 신명기 25:4 Link 마태복음 10:10 Link 누가복음 10:7
일꾼이 자기 몫을 받는 것은 마땅하다!
장로님, 한 입만.
싫어. 이건 내 몫이야.
19 장로에 대한 고발은 두세 사람의 증인이 없이는 받지 말고,
근거 없는 비난이나 음해를 경계하라는 거다.
※증인: 구약의 '두세 증인법'을 말한다. Link 신명기 19:15 Link 민수기 35:30
20 죄지은 장로들은 모든 사람 앞에서 꾸짖어 나머지 사람들도 두려워하게 하라.
내가 피자 세 조각을 드렸는데 이분은 몰래 한 조각을 더 먹었어요.

21 하나님과 그리스도 예수와 선택받은 천사들 앞에서 내가 엄숙히
명령하니, 너는 편견 없이 이것들을 지키고, 어떤 일이든 공평하
게 처리하라.

22 또 경솔하게 아무에게나 교회의 직책을 맡긴다면 그 죄를 함께
책임져야 하니 비난받지 않도록 네 자신을 지켜라.

※선택받은 천사들: 타락한 천사들과 달리 거룩한 천사를 가리킨다. Link 누가복음 9:26

※이것들: [19~20절]을 가리킨다.

23 이제 물만 마시지 말고, 위장과
잦은 병을 생각해서 포도주를
조금씩 마셔라.

24 어떤 이들의 죄는 명백해서 먼저 심판을 받고,
어떤 이들의 죄는 나중에야 드러난다.

25 이처럼 선행도 드러나게 마련이고, 악행도 언제
까지 숨길 수는 없다.

tip 물과 포도주

유대인들 중에 나실인이나 레갑 족속은 포도주를 마시지 않고 금욕주의를 지향했다. 디모데는 그런 영향과 바울이 [22절]에서 요구한 대로 자신의 정결을 위해 포도주를 마시지 않았을 것이다. 그런데 에베소와 그 주변 지역은 물이 깨끗하지 않아서 탈이 나는 경우도 많았다. 이에 바울은 몸이 약한 디모데의 건강을 위해서 포도주를 조금씩 마시라고 권하고 있다. 당시 유대인들의 포도주는 도수가 약하고 물이 섞인 포도주였다.

6장 주인과 종의 관계

1 종으로 메여 있는 사람은 자기 주인을 항
상 존경해야 한다.

그래야 그들이 하나님의 이름과 가르침을
비난하지 않을 것이다.

※주인: 그리스도를 믿지 않는 주인을 가리킨다.

2 믿는 주인을 섬기는 종들은, 그 주인이 형
제라고 해서 가볍게 여기지 말고, 오히려
더 잘 섬겨야 한다.

왜냐하면 그 주인이 하나님을 믿는 자요,
하나님과 우리가 사랑하는 자이기 때문이다.

너는 이런 것들을 전하고 가르쳐라.

tip 로마의 노예들

당시 로마는 노예로 이루어졌다고 해도 과언이 아닐 만큼 노예가 많았다. 학자들에 따라 그 수를 로마 전체 인구의 30~50%로 추정하기도 한다. 로마는 전쟁으로 점령한 나라에서 노예를 확보하거나 약소국에서 사 오기도 했으며, 로마 시민 중에 빚을 지거나 죄를 짓고 노예가 되기도 하고, 노예인 부모에게서 태어나 노예가 되기도 했다. 하지만 로마는 노예에게 상당히 후한 대우를 해주었고 전문적인 일을 하면서 상당한 지위를 가진 노예도 있었다. 초대 교회의 성도 중에는 이러한 노예들도 상당히 있었을 것이며, 그들 중에서는 교회에서 중요한 직책을 맡은 자들도 있었을 것이다.

부자를 좇는 자들에게 주는 충고

3 누구든지 우리 주 예수 그리스도의 바른 말씀과 경건한 가르침을 따르지 않고 다른 가르침을 말한다면,

※바른 말씀: 예수님의 말씀에 근거한 사도들의 가르침도 포함한다.
※다른 가르침: 이단 사상을 가리킨다.

4 그는 교만하여 아무것도 알지 못하면서 논쟁과 변명을 일삼는 자다.

그로 인해 시기와 분쟁과 비방과 악한 의심이 생기고,

5 마음이 부패하여 진리를 잃고 경건을 이득의 수단으로 생각하는 자들의 다툼이 생긴다.

※진리: 예수 그리스도의 바른 말씀과 경건한 가르침.
※경건: 거짓된 가르침을 경건한 신앙이나 종교로 포장하는 것을 의미한다.

6 그러나 하나님을 통해 평안을 얻고자 하는 사람에게 경건은 큰 이익이 될 것이다.

7 우리는 이 세상에 아무것도 가져오지 않았으므로 아무것도 가져가지 못한다.

8 우리는 먹을 것과 입을 것이 있다면 충분한 줄로 알아야 한다.

※경건: 순결한 양심으로 하나님을 섬기는 마음 상태를 가리킨다.

9 부자가 되려고 욕심이 앞선 자들은 유혹에 빠지고, 덫에 걸려 여러 어리석고 해로운 탐욕에 떨어지고, 이런 것들이 사람을 파멸과 멸망에 빠뜨린다.

10 돈을 탐하는 것은 모든 악의 뿌리가 되니, 항상 돈을 좇는 자들은 유혹에 빠지고 믿음을 떠나 많은 근심으로 고통을 겪는다.

tip 하나님을 통한 평안

그리스의 철학자들은 행복과 불행에서 완전히 벗어나야 마음의 평안을 누릴 수 있다고 주장했다. 그러나 그들의 주장은 금욕주의적인 경건에는 도움을 줄 수 있어도 참된 평안을 줄 수 없다. 또 이단자들은 경건을 가장하여 물질적인 만족을 추구했다. 이에 바울은 하나님과 함께하는 것만이 진정한 평안을 찾는 길이라고 한다. 그리고 그런 사람은 세상의 유혹과 물질에 대한 지나친 관심을 버리고 하나님에게만 소망을 두면서도 부족한 것이 없다. 진정한 행복이란 물질의 많고 적음이 아니라 하나님과의 바른 관계에 있기 때문이다. 한편, 바울은 물질에 대한 욕구 자체를 죄악시하는 것이 아니라 단순한 욕구를 넘어 탐욕이 되고, 집착이 되는 것을 경고한 것이다.

디모데에게 주는 충고와 축복

11 하나님의 사람이여, 너는 그 악한 것들을 피해 의와 경건과 믿음과
사랑과 인내와 온유를 좇으라.

※악한 것들: [4~10절]을 가리킨다.

믿음의 선한 싸움에서 이기려고 애써서 영원한 생명을 쟁취하라.

그것을 위해 하나님께서 널 부르셨고, 너는 많은 증인 앞에서 그 사실을 고백했다.

13 나는 모든 것에 생명을 주신 하나님과 본디오 빌라도 앞에서 담
대하게 증언하신 그리스도 예수 앞에서 네게 명령한다.

※증언: 예수님이 사형의 권한을 가진 빌라도 앞에서 자신이 메시아라고 증언하신 것을 가리킨다. Link 요한복음 18:36, 37

14 너는 우리 주 예수 그리스도가 나타나실 때까지 흠도 없고, 비난받을 것도 없이 이 명령
을 지켜라.

※이 명령: [11, 12절]을 가리킨다.

15 정한 때가 오면,

※정한 때: 예수 그리스도의 재림의 때를 가리킨다.

tip 영광송

[15, 16절]은 연결되는 영광송인데 학자들에 따라 몇 가지 견해가 있다. ①유대인의 회당 의식을 모방한 초대 교회의 찬송이다. ②유대인의 회당 예배에서 하는 신앙 고백을 바울이 빌려 온 것이다. ③바울의 독자적인 찬송이다. ④ 바울이 구약 성경에서 빌려 온 것이다. 실제로 구약 성경에는 이와 유사한 구절들이 곳곳에 있기도 하다. 한편, '모든 왕의 왕, 모든 주의 주'라는 구절은 당시 하나의 신으로 숭배했던 로마 황제에게 사용되던 묘사였다. 그런데 이것을 하나님께 적용한 것은 바울의 황제 숭배에 대한 강한 반발심이 반영된 것 같다.

부자들에게 주는 충고

※하늘에 쌓아: Link 마태복음 6:20

마지막 인사

※맡긴 것: 디모데전서에서 바울이 디모데에게 전한 가르침.

※믿음을 잃은 사람: 교인을 가리키며 거짓 선생들이 교회 내에 있음을 의미한다.
※너희: 에베소 교인 전체를 가리킨다.

2. 디도서

1장 인사

1 하나님의 종이요 예수 그리스도의 사도인 나 바울은, 하나님께서 선택하신 자
들의 믿음과 경건함 속에 있는 진리의 지식과 영원한 생명에 대한 소망으로 사
도가 되었다.

※진리: 복음을 가리킨다.

2 그 영원한 생명은 거짓이 없으신 하나님께서 영원
전부터 약속하신 것이다.

※영원 전부터: 영원히 이어지는 시간이 있기 전부터, 즉 창세 전부터를 의미한다.

3 하나님은 자신이 정하신 때에 그 약속의
말씀을 복음을 통해 드러내셨고,

그것은 우리의 구세주이신 하나님의 명령에 따라 내게 맡겨졌다.

4 나는 같은 믿음으로 나의 참 아들이 된 디
도에게 이 편지를 쓰노라.

※정하신 때: 하나님이 예수님을 보내셔서 복음을 전한 시기를 가리킨다.

※디도(Titus): Link 사도행전 15:2 Link 갈라디아서 2:3 Link 고린도후서 2:13, 7:13, 8:6

tip 디도를 위한 편지

로마의 감옥에서 풀려난 바울은 디도와 함께 지중해의 큰 섬인 그레데섬으로 갔다. 이곳은 지중해의 해상 무역의 요충지였기에 그레데 원주민과 그리스인, 유대인, 로마인 등 다양한 민족이 섞여 사는 혼란스러운 곳이며, 그레데 교회는 많은 유대인 율법주의자들과 이단들로 인해 불안정했다. 바울은 디도를 이곳의 목회자로 세우고 떠났다가 후일 목회에 필요한 여러 가지 지침을 정리해서 디도에게 편지로 보낸다. 디도는 바울이 제자로 삼은 그리스인으로 바울의 중요한 조력자이며, 고린도 교회의 문제를 해결하고, 예루살렘 종교 회의에 함께 참석하기도 했다.

장로들의 임명

5 내가 너를 그레데에 남겨 둔 것은, 남은 일을 정리하고, 내가 지시한 대
로 각 성에 장로들을 세우게 하려는 것이다.

※그레데(Crete): 그리스와 아가야 남동쪽에 있는 큰 섬으로 지중해 해상 무역의 요충지다.

※감독(overseer): 목사, 장로, 그 외 사역자들을 가리키며 당시엔 장로를 감독으로 부르기도 했다.

※신중: 자신의 욕망을 제어하는 분별력과 성숙한 생각을 의미한다.

거짓 선생에 대한 경고

※할례를 받은 자: 그리스도를 믿는 유대인을 가리킨다.
※믿음으로: Link 갈라디아서 5:6 Link 로마서 10:9 ※마음의 할례: Link 빌립보서 3:3

※예언자: B.C. 6세기의 그리스 시인인 에피메니데스(Epimenides)로 추정한다.

※헛된 이야기: 유대인의 끝없는 족보나 신화 따위를 가리킨다.

14 유대인의 헛된 이야기나 진리를 배반하는 사람들
의 명령을 좇지 않게 하라.

15 깨끗한 사람에게는 모든 것이 깨끗하지만, 믿지 않는 더러운 사람에게는 어떤 것
도 깨끗한 것이 없다. 그들의 생각과 양심이 더럽기 때문이다.

※사람들의 명령: 금지된 음식이나 정결 의식과 같은 유대인의 관습을 가리킨다.

※겉보다 속마음: Link 마태복음 15:17~20 Link 마가복음 7:20~23 Link 누가복음 11:39

16 그들은 입으로는 하나님을 안다고 하지만, 행
동으로는 부인하고 있다.

그들은 가증스럽고 불순종하는 자며, 모든 선
한 일을 거부하는 자다.

tip 깨끗한 사람과 더러운 사람

유대인 거짓 선생들은 그레데인들에게 '외적인 것'으로 부정한지 정결한지 따지도록 했다. 하지만 바울은 외적으로 아무리 정결하다고 해도 믿지 않는 자는 죄에 매여 있고 그로 인해 생각과 양심이 더러우며 깨끗한 것이 없다고 한다. 바울은 죄와 결별하고 복음을 받아들여서 새 사람으로 거듭난 내면의 깨끗함을 강조하고 있다.

※행동을 보면: Link 마태복음 7:20, 12:33 Link 누가복음 6:43~45 Link 고린도후서 2:13, 7:13, 8:6

2장 올바른 가르침을 전하라

1 너는 오직 올바른 가르침에 맞는 말을 하라.

2 늙은 남자는 절제하고, 경건하고, 신중하
고, 믿음과 사랑과 인내로 바르게 설 수 있
도록 하라.

3 늙은 여자는 행실이 거룩하고, 험담을 하
지 말고, 과도한 술의 노예가 되지 말고,
선한 것을 가르치게 하라.

4 그리하여 그녀들이 젊은 여자들을 가르쳐
서, 남편과 자녀를 사랑하고,

5 신중하고, 순결하고, 집안을 돌보고, 친절
하고, 남편에게 순종하게 해야 한다.

이것은 하나님의 말씀을 방해받지 않고
전하기 위함이다.

6 젊은 남자들은 신중한 사람이 되도록 더 엄격하게 가르쳐야 한다.

7 그리고 모든 일에 너 자신이 선한 모범을 보이고, 위엄 있는 태도와 순수함으로 가르치며, 트집 잡을 데가 없는 바른말을 하라.

그것은 반대자가 우리에게 악한 것이 없음을 알고 스스로 부끄럽게 하려는 것이다.

※반대자: 이교도와 교회 안에서 분열을 일으키는 거짓 선생을 가리킨다.
※우리: 그리스도인뿐만 아니라 그리스도와 하나님까지 포함한다.

tip 바울의 현실적인 선택

복음이 전해지면서 초대 교회에서는 여자의 지위 향상과 권리에 대한 요구가 더욱 커졌다. 그것은 여자에게 단정함과 정절을 요구했던 당시 사회와 마찰을 빚게 되었고 복음을 전하는 데 문제가 되기도 했다. 바울은 디도서뿐만 아니라 여러 곳에서 여자의 순종을 강조하고 있다. 그리고 [5절]에서 그 이유가 방해받지 않고 복음을 전하기 위함이라고 밝히고 있다. 또 바울은 [9~10절]에서 종들은 주인에게 순종하라고 한다. 이 역시 당시 사회적인 관습과 무리하게 충돌하면서 복음을 전하는데도 문제가 생길 것을 염두에 둔 말이라고 볼 수 있다.

※여러 곳: Link 고린도전서 14:34 Link 에베소서 5:24 Link 골로새서 3:18 Link 디모데전서 2:11

9 종들은 모든 일에서 주인에게 순종하여 그들을 기쁘게 하고, 따지지 말고, 훔치지 말고, 오직 선한 마음으로 진실 되어지라고 해라.

그것은 모든 일에서 우리의 구세주이신 하나님의 가르침을 빛나게 하려는 것이다.

가르침의 근거

11 모든 사람을 구원하시는 하나님의 은혜가 나타나 우리를 성장시키신다.

그것은 경건하지 않은 것과 속된 욕심을 버리고, 이 세상에서 신중하고 의롭고 경건하게 살게 하고,

※신중: 자신의 욕망을 제어하는 분별력과 성숙한 생각을 의미한다.

13 우리의 복된 소망과 우리의 크신 하나님이시며 구세주이신 예수 그리스도의 영광이 나타나기를 기다리게 하셨다.

14 그리스도께서 우리를 대신해 자기 몸을 내주신 것은, 우리를 모든 악에서 구원하시고, 깨끗하게 하셔서, 선한 일을 열심히 하는 자기 백성으로 삼으시려는 것이다.

※소망: 영원한 생명에 대한 소망을 말한다.
※영광: 예수께서 다시 오시는 재림의 영광을 말한다.
※선한 일: 하나님의 뜻과 가르침에 맞는 행위를 의미한다.

15 너는 이 모든 권위를 가지고 이것을 말하고, 권하며, 엄하게 꾸짖어 아무도 너를 업신여기지 못하게 하라.

3장 선행에 대한 교훈

1 너는 성도들에게 통치자와 권력자에게 복종하고, 순종하고, 모든 선한 일을 도울 준비를 하게 하라.

2 또, 아무도 비방하지 말고, 다투지 말고, 남을 돕고, 언제나 모든 사람을 온유하게 대하도록 하라.

3 우리도 전에는 어리석었고, 순종하지 않았고, 거짓에 속았고, 온갖 욕심과 쾌락의 종노릇을 했고, 악한 시기심으로 살았고, 가증스러워서 서로 미워하며 살았다.

4 그러나 우리의 구세주이신 하나님께서 자비와 사랑을 나타내셔서 우리를 구원하셨다.

※나타내셔서: 하나님께서 아들을 보내어 그의 죽음으로 사람들의 죄를 용서하시고 구원의 길을 열어 주심으로 사람들에 대한 자비와 사랑을 보여 주셨다.

그것은 우리가 의로운 일을 했기 때문이 아니라,

오직 그분의 사랑과 자비로 우리가 거듭나게 깨끗이 씻어주셨고, 성령으로 새롭게 태어나게 해주셨기 때문이다.

6 하나님께서는 그 성령을 우리의 구세주 예수 그리스도를 통해 우리에게 풍성하게 부어 주셨고,

※씻어: 물세례를 의미한다.
※성령으로: 성경 강림, 즉 성령 세례를 의미한다.

▶ Link 1권 39p tip '성령과 물과 불의 세례'를 보라.

7 그것은 우리가 그의 은혜로 의롭다고 인정받아 영원한 생명에 대한 소망을 가지고 상속자가 되게 하시려는 것이다.

8 이 말은 확실히 믿을 수 있으니,

그것은 하나님을 믿는 사람들이 거짓 선생들을 조심하고, 선한 일에 전념하게 하려는 것이다.

※인정받아: 사람이 의롭게 된 것이 아니라 하나님께서 의롭다고 인정해 주시는 걸 의미한다.
※이 말: [4~7절]을 가리킨다.
※선한 일: 선한 행위는 하나님의 뜻을 온전히 이해했을 때 자연스럽게 나타나는 현상이다.

하나님의 구원 계획과 우리의 선행은 아름다우며 사람들에게 유익하다.

9 그러나 어리석은 논쟁과 족보 이야기와 분쟁과 율법에 대한 다툼은 피하라.

10 분열을 일삼는 이단은 한두 번 타일러 본 뒤에는 멀리 하라.

11 너도 알겠지만 그런 사람은 마음이 부패해서 스스로 벌을 받으면서도 죄를 짓는다.

마지막 인사

※아데마(Artemas): 특별히 알려진 것이 없다.

12 내가 아데마나 두기고를 네게 보내거든 속히 니고볼리로 나를 찾아오라. 나는 그곳에서 겨울을 지낼 작정이다.

※두기고(Tychicus): 아시아 지방의 대표로 바울과 예루살렘을 방문하기도 했다. Link 사도행전 20:4
※니고볼리(Nicopolis): 그리스 반도 서쪽, 고린도 북서쪽 약 220km에 위치한 해안 도시.

13 이 편지를 율법 교사인 세나와 아볼로에게 보내니 부족한 것이 없게 해서 보내라.

14 그곳의 성도들도 함께 필요한 것을 마련하고, 좋은 일에 애쓰는 것을 배워서 열매를 맺는 삶이 되게 하라.

15 나와 함께하는 모두가 네게 안부를 전하니, 믿음 안에서 우릴 사랑하는 그곳의 성도들에게 안부를 전해 다오.

※아볼로(Apollos): 고린도 교회에 큰 영향을 끼친 유대인 학자로 사도행전 때 에베소에 처음 등장했다. Link 사도행전 18:24
※세나(Zenas): '제우스의 선물'이라는 뜻. 알려진 것이 없다.

3.디모데후서

1장 인사

1 하나님의 뜻으로 그리스도 예수 안에 있는 생명의 약속을 따라 그리스도
예수의 사도가 된 나 바울이, 사랑하는 아들 디모데에게 이 편지를 쓴다.

하나님 아버지와 우리 주 그리스도 예수께서 주시는 은혜와 자비와 평안이 네게 있기를 빈다.

※생명의 약속: 그리스도를 믿는 자들에게 영원한 생명을 주시겠다는 하나님의 약속.

디모데의 신앙

3 내가 밤낮으로 기도할 때면 끊임없이 너를 생각하고, 깨끗한 양심
으로 조상 때부터 섬겨 오는 하나님께 감사를 드린다.

4 내가 네 눈물을 생각하여 너를 만나길 원하는 것은, 그것이 나의
큰 기쁨이기 때문이다.

※눈물: 바울이 밀레도에서 에베소 성도들과 헤어질 때 흘렸던 눈물로 보기도 한다. Link 사도행전 20:38

5 나는 네 속에 있는 거짓 없는 믿음을 기억
한다.

그 믿음은 너의 외할머니 로이스와 어머니 유니게 속에 있던 것이 네 속으로 이어졌다고 확신한다.

※유니게(Eunice): 믿는 유대 여자로 남편은 그리스인이라고 했다. Link 사도행전 16:1

6 그러니 넌 내가 네게 의식 할 때 하나님이 주
신 은혜로운 능력의 불길을 다시 일으켜라.

※의식 할 때: Link 디모데전서 4:14

※주신 것: 성령을 의미한다.

※증언: 복음을 가리킨다.

tip 바울의 마지막 편지

A.D.64년 7월에 있었던 로마대화재로 그리스도인에 대한 박해가 극심해졌다. 하나님에 대한 믿음을 버리는 자들과 거짓 가르침이 난무하면서 혼란은 극에 달했다. 그 시기에 바울은 다시 로마 감옥에 투옥되고, 이번에는 자신이 죽음을 면치 못할 것이라고 직감한다. 이에 바울은 에베소에 있는 자신의 믿음의 아들인 디모데에게 애틋한 부성애가 담긴 마지막 유언을 보낸다. 바울은 그리스도께서 다시 오신다는 분명한 약속에 매달려 로마 전역에 교회를 세우고 수많은 고초를 겪었던 자신의 일생을 회고하며, 이제 자신이 달려갈 길을 마쳤다고 고백하면서 디모데에게 믿음의 선한 싸움을 계속 해나갈 것을 당부하고 있다.

디모데를 격려하다

※복음(Gospel): 그리스도의 죽음과 부활과 승천을 가리킨다.

※사도: 특별한 사명을 위해서 하나님이 세우고 보낸 사람이라는 의미이다.

※깊은 고난: 죽음에 이를 수 있는 큰 고난에 처했다는 것을 의미한다.

※믿는 분: 예수 그리스도를 가리킨다.
※맡은: '맡긴'으로 번역되면 바울이 하나님께 맡긴 자신의 '생명과 구원'을 가리킨다.

※부겔로, 허모게네: 전혀 알려진 것이 없다.

※선한 것: 복음을 가리킨다.

※아시아(Asia): 로마 제국의 한 지방으로 디모데가 있던 에베소가 수도였다.

※오네시보로(Onesiphorus): 에베소 사람으로 더 이상 알려진 것이 없다.

※그 날: 그리스도가 다시 오시는 재림의 날.

4 누구든지 군사로 복무하는 자는 개인적인 일에 얽매일 순 없는데,

그것은 자기를 군사로 모집한 상관을 기쁘게 하기 위함이다.

5 운동 경기를 하는 자가 규칙대로 하지 않으면 승리의 월계관을 얻지 못할 것이며,

※규칙: 복음을 의미한다.

6 수고하는 농부는 곡식을 먼저 받는 것이 마땅하다.

7 내가 하는 말을 깊이 생각해 보라. 그러면 주께서 모든 것을 깨닫는 지혜를 네게 주실 것이다.

※말: [4~6절]을 가리킨다.

tip 곡식을 먼저 받는 것

[6절]은 2가지 의미로 해석할 수 있다. 첫째, 디모데는 바울이 직접 일을 하면서 복음 사역을 감당한 것을 오랫동안 지켜봤기에 디모데도 물질적인 보상을 거절하고 직접 일을 했을 것이다. 바울은 그런 디모데에게 복음의 일꾼으로서 마땅히 받아야 할 보상은 받으라고 권한 것이다. 둘째, 복음의 일꾼으로서 최선을 다해 애쓴다면 그에 따른 사랑, 믿음, 소망과 같은 성령의 열매를 먼저 받을 것이라고 한 것이다.

주와 함께하라

8 내가 전하는 복음대로, 다윗의 자손으로 죽은 자 가운데서 살아나신 예수 그리스도를 기억하라.

9 나는 그 복음 때문에 죄인으로 매여 고난을 당했지만 하나님의 말씀은 매여 있지 않다.

10 그러므로 내가 하나님께서 선택하신 자들을 위해 모든 것을 견디는 것은,

※선택하신 자들: 하나님께 선택되었지만 아직 믿음을 가지지 못한 자들을 가리킨다.

그들도 그리스도 예수 안에 있는 구원을 영원한 영광과 함께 얻게 하려는 것이다.

※영원한 영광: 심판의 날에 이루어질 구원의 완성을 의미한다.

Link 베드로전서 5:10

11 이 말씀은 확실히 믿을 수 있다.

※이 말씀: [11~13절]을 가리키며, 초대 교회에서 세례를 받을 때 부른 찬송으로 보인다.

우리가 주와 함께 죽으면, 우리가 그와 함께 살 것이요,

※말씀: Link 마태복음 10:33 Link 누가복음 9:26

tip 13절의 번역

이 구절은 각 성경마다 번역이 상당히 다르다. 성경2.0에서는 기획 의도에 맞게 성경의 의미는 최대한 살리면서 보다 쉽게 풀어 썼다. 하지만 새번역의 '우리는 신실하지 못하더라도 주는 언제나 신실하시기 때문에'가 성경의 의미에는 좀 더 가까운 듯하다. 해설하면, 사람은 신실하고 진실되지 못해서 달라질 수 있지만 주님은 늘 변함없이 신실하시고 진실되시기 때문에 반드시 하신 말씀을 지키신다. 그것은 하나님과 그리스도의 본성이다. 그런데 주님이 하신 말씀을 지키지 않으면 그건 신실하고 진실되지 못하다는 것이며 이는 그가 그리스도가 아니라는 의미가 되므로 지킬 수밖에 없다. 여기서 바울은 그리스도의 말씀을 믿을 수밖에 없는 이유를 제시하고 있다.

하나님께 귀한 일꾼이 돼라

※그들: [2절]에서 언급된 믿음직한 사람들을 가리킨다.
※이것: [1~13절], 특히 [8~13절]을 가리킨다.
※말다툼: 거짓 선생들의 가르침과 논쟁을 가리킨다. Link 디모데전서 1:4

※그들: 이단과 거짓 선생들을 가리킨다.
※후메내오, 빌레도: 빌레도는 알려진 게 없으며, 후메내오는 바울이 사탄에게 내어줬다는 자다. Link 디모데전서 1:20

tip 보증의 표식

'자기 백성을 아신다'라는 구약의 성경을 인용했으며, '불의를 떠날 것이다'라는 일반적인 개념이다. 이 표식은 사람들이 하나님의 소유가 되었다는 것을 의미하는 것으로 성령에 의해서 이루어진다. 하나님은 자신의 백성을 하나하나 알고 계시며, 그 백성들은 어려움을 당할지라도 하나님의 인도로 굳게 서서 견고하게 교회를 지킬 것이다. 또한 그들은 입으로 주를 부르면서 자신들이 하나님의 백성이라는 사실을 드러내고 하나님이 싫어하시는 불의에서 떠나야 한다.

※구약: Link 민수기 16:5 ※일반적: Link 마태복음 7:23
※알고: Link 요한복음 10:14

20 또 교회에는 금그릇과 은그릇뿐만 아니라, 나무그릇과 질그릇도 있어서 어떤 것은 귀하게 쓰이고, 어떤 것은 천하게 쓰인다.

※귀하게, 천하게: 교회 내의 하나님의 백성과 이단, 또는 교회 내에서 성도들의 쓰임새가 나누어진다고 보기도 한다.

21 그러므로 누구든지 그런 헛된 말다툼에서 자신을 깨끗하게 하면 귀한 그릇이 되고, 주인이 거룩하게 구별하고, 기쁘게 쓰며, 선한 일에 쓰기 위해 준비할 것이다.

22 너는 젊음의 욕망을 피하고, 깨끗한 마음으로 주를 찾는 자들과 함께 의로움과 믿음과 사랑과 평화를 좇으라.

※욕망: 정욕, 식욕, 명예욕, 과시욕 등을 가리킨다.

23 어리석고 무식한 논쟁을 멀리하라. 거기서 다툼이 생긴다.

※논쟁: 거짓 선생들의 가르침과 논쟁을 가리킨다.
Link 디모데전서 2:14

24 주의 종은 다투지 말아야 하고, 모든 사람에게 온유하고, 바르게 가르치고, 악과 고난에 참고 견뎌야 하고,

※주의 종: 그리스도인들 중에 특히 교사들을 가리킨다.

25 거역하는 자를 온화하게 바로잡아 주어야 한다.

※거역하는 자: 이단에 빠진 자나 신앙이 미숙한 자를 가리킨다.

그러면, 혹시 하나님께서 그들에게 회개할 기회를 주셔서 진리를 깨닫게 하실지도 모르고,

26 그들이 정신을 차려 사탄의 덫에서 벗어나 하나님께로 가서 그 뜻을 좇게 하실지도 모른다.

3장 거짓 선생들을 멀리하라

1 너는 이것을 알아 두어라. 마지막 날까지 위험이 있을 것이다.

※마지막 날까지: 예수님이 다시 오시는 날까지, 즉 현시대를 의미한다.

2 자기를 사랑하고, 돈을 사랑하고, 뽐내고, 교만하고, 하나님을 모독하고, 부모에게 거역하면서 감사할 줄 모르고, 하나님께 불경스럽고, 무정하고, 앙심을 품고, 비방하고, 욕망을 절제하지 않고, 난폭하고, 선한 것을 싫어하고, 배신하고, 경솔하고, 자만하고, 하나님보다 쾌락을 더 사랑하고,

※사랑: 자기를 사랑해서 그리스도와의 관계가 단절된 자를 가리킨다. Link 누가복음 14:26

5 겉으로는 경건하지만 경건의 능력을 부인하는 자들을 너는 멀리하라.

※경건의 능력: 복음의 능력, 즉 그리스도의 능력을 가리킨다.

6 그들 중에는 남의 집에 몰래 들어가서 어리석은 여자를 유인하는 사람들도 있다.

※들어가서: 당시엔 학자나 예술가를 가정 교사로 초청하는 경우가 많았다.
※사람들: 거짓 선생들을 가리킨다.

그런 여자는 여러 가지 욕심에 이끌려 무거운 죄를 짓고, 늘 배우기는 하지만 진리를 깨닫는 데에는 전혀 이를 수 없다.

※진리: 복음을 가리킨다.

8 또 그들은 얀네와 얌브레가 모세에게 맞선 것처럼 진리에 맞서니, 그들은 마음이 부패한 자요, 믿음에서 탈락한 자들이다.

※얀네(Jannes), 얌브레(Jambres): 모세가 파라오 앞에서 기적을 일으킬 때 맞섰던 이집트의 마술사들이다. Link 출애굽기 7:11, 8:7

9 그들은 더 이상 나아가지 못하고,

그들의 어리석음도 그 두 사람의 경우처럼 결국 드러날 것이다.

※보증: Link 디모데후서 2:19

주 안에 머물러라

10 너는 나의 가르침과 행위와 삶의 목적과 믿음과 오래 참음과 사랑과 인내와 핍박과 고난을 보고 알고 따랐다.

11 나는 안디옥과 이고니온과 루스드라에서 당한 것과 같은 많은 고난을 겪었지만,

주께서는 그 모든 고난에서 나를 건져 내셨다.

12 그처럼 그리스도 예수 안에서 경건하게 살고자 하는 자는 핍박을 받을 것이다.

※당한 것: 바울이 전도 여행 중에 당한 고난. **Link** 사도행전 13:14, 14:1, 14:8

13 게다가 악한 자들과 속이는 자들은 더욱 악해져서 남도 속이고, 자신도 속일 것이다.

14 그러니 너는 네가 배워서 굳게 믿는 진리 안에 머물러라.

너는 그것을 누구에게 배웠는지를 알고 있다.

15 네가 어려서부터 알고 있는 성경은 그리스도 예수 안에 있는 믿음을 통해 네게 구원에 이르는 지혜를 줄 것이다.

※성경: 구약 성경을 가리킨다.

16 **성경의 모든 것은 하나님의 감동으로 쓰인 것으로 가르침과 잘못에 대한 심판과 올바름과 의로움으로 교육하기에 유익하다.**

※가르침: 복음을 가르치는 것을 의미한다.
※잘못: 잘못된 행동이나 생각, 그리고 이단의 거짓을 가리킨다.

17 그것은 성경을 통해 하나님의 사람을 온전하게 하고, 그가 온갖 선행을 할 수 있도록 완전히 준비시키려는 것이다.

※하나님의 사람: 하나님으로부터 사명을 받은 교사들을 가리킨다. **Link** 디모데전서 6:11

tip 구약 성경

바울은 [14~17절]에서 구약 성경에 관해서 이야기하고 있다. 디모데는 어릴 때부터 유대인인 할머니, 어머니로부터 성경 교육을 받았다. 그 성경은 참이신 하나님의 감동으로 쓰여졌으므로 참이다. 하나님이 그 성경을 주신 목적은 모든 사람이 구원에 이르는 지혜를 얻게 하기 위함이다. 그 성경에서 시작된 구원의 메시지는 메시아인 예수 그리스도가 오심으로 이루어진다. 그러므로 그리스도를 통한다면 그 성경에서 가리키는 바를 더욱 명확하게 알 수 있다. 그것은 그리스도를 통하지 않고서는 구원받을 수 없다는 것이다. 그래서 예수님은 스스로 그 성경을 완성하러 오셨다고 했다.

※성경을 완성하러: **Link** 마태복음 5:17

※때: [2절]의 말씀을 전하는 중 어느 한 때, 또는 현재를 가리키는 것이기도 하다.
※바른 교훈: 그리스도를 통해 구원을 얻을 수 있다는 복음을 가리킨다.
※진리: 복음을 가리킨다.
※의로운 월계관: 믿음의 선한 싸움에서 승리한 자에게 주어지는 월계관으로 영원한 생명을 의미하기도 한다.

개인적인 부탁

※데마(Demas): Link 골로새서 4:14 Link 빌레몬서 1:24

※디도(Titus): 디도서의 수신자다.

※달마디아(Dalmatia): 일루리곤 지방의 남쪽으로, 디도는 바울의 명령에 따라 달마디아 지방의 니고볼리로 갔다. Link 디도서 3:12

※누가(Luke): 누가복음과 사도행전의 저자이다.

※마가(Mark): 마가복음의 저자이다.

※드로아(Troas): 소아시아 서쪽, 에게 해 연안의 항구 도시.
※가보(Carpus): 더 이상 알려진 것이 없다.

※알렉산더(Alexander): 당시 흔한 이름으로, 바울이 사탄에게 넘겨준 자로 본다. Link 디모데전서 1:20

※변론: 바울이 1차로 로마에 구금되어 첫 재판을 받을 때를 가리킨다.

17 그때, 내 곁에는 주께서 서서 능력을 주셨는데, 그것은 나를 통해 전도의 말씀이 완전히 전해져서 모든 이방인이 듣게 하시려는 것이었다.

그런 후, 주께서 나를 사자의 입에서 건져 내셨다.

※사자의 입: [시편 22:21]을 인용한 구절로, 바울이 1차 구금에서 벗어난 것을 가리킨다.

18 주께서 나를 모든 악한 일에서 건져 내시고, 하늘나라에 들어갈 수 있도록 구원하실 것이니 주께 영광이 영원히 있기를 빕니다. 아멘.

마지막 인사

19 브리스가와 아굴라와 오네시보로의 집에 안부를 전해 달라.

※브리스가, 아굴라: 바울의 충실한 동료로 고린도에서 만났다. Link 사도행전 18:2

※오네시보로(Onesiphorus): 감옥에 갇힌 바울을 헌신적으로 돌봤다. Link 디모데후서 1:16~18

20 에라스도는 고린도에 머물러 있고, 드로비모는 병들어서 밀레도에 남겨 두었다.

21 너는 겨울이 되기 전에 서둘러 오라.

으불로와 부데와 리노와 글라우디아와 모든 형제가 네게 안부를 전한다.

※에라스도(Erastus): 디모데와 함께 마케도니아로 파송되었던 자다. Link 사도행전 19:22

※드로비모(Trophimus): 바울과 에베소 교회의 구제금을 예루살렘으로 가지고 간 7인 중 한 명이다. Link 사도행전 20:4

※리노(Linus): 베드로의 뒤를 이은 로마 교회 최초의 감독으로 전해진다.

※모든 형제: 로마 교회의 성도들을 가리킨다.

22 주께서 너의 영과 함께 하시기를 빌며, 주의 은혜가 여러분과 함께 있기를 빕니다.

※여러분: 디모데가 사역하고 있는 에베소의 교회들을 가리킨다.

tip 이방인의 사도 바울

바울은 촉망받는 바리새인이자 악명 높은 그리스도인의 박해자였다가 그리스도의 이방인을 위한 사도로 선택되었으며, 복음을 위해 평생을 그리스도의 고난의 길을 따라 걸었다. 그는 거대한 제국의 수도 로마에까지 복음을 전했으며, 오늘날 그리스도교가 있게 한 최고의 신학자이자 사상가이다. 그로 인해 그리스도교의 기틀이 잡혔고 그가 후세에 끼친 영향력은 헤아릴 수가 없다. 그는 죽음을 앞둔 어두운 감옥에서도 의로우신 주님을 바라보며, 믿음의 아들 디모데에게 자신의 뒤를 이어 선한 싸움에서 승리하길 당부한다. 그는 이 편지를 마지막으로 A.D.67년경 로마에서 5km정도 떨어진 오스티안 가도 The Ostian Way 에서 순교한다.

참고 도서 및 자료 목록

《관주, 해설 성경전서 개역개정판》, 대한성서공회, 2004

《ESV 스터디 바이블》, 크로스웨이 ESV 스터이 바이블 편찬팀, 부흥과개혁사, 2014

《히브리어, 헬라어, 원문 번역주석 성경 신약》, 고영민, 쿰란, 2015

《메시지 신약》, 유진 피터슨, 복 있는 사람, 2011

《신약 성경 연구》, 성종현, 장로회신학대학교출판부, 1994

《이원희 목사와 함께 떠나는 성지행전 신약》, 이원희, 평단문화사, 2012

《통박사 조병호의 신구약 중간사》, 조병호, 통독원, 2012

《성경 파노라마》, 테리 홀, 규장, 2008

《공관복음서 이해》, 키트 F. 니클, 대한기독교출판사, 1984

《공관복음서 연구》, E.P. 샌더스, M. 데이비스, 대한기독교서회, 1999

《복음서와 사도행전》, 데이빗 웬함, 스티브 월튼, 성서유니온, 2013

《예수만나 사복음서편》, 유철운, 예수만나, 2005

《모든 사람을 위한 마태복음 1, 2》, 톰 라이트, IVP, 2010

《모든 사람을 위한 마가복음》, 톰 라이트, IVP, 2011

《틴데일 성경 주석 시리즈 1 마태복음》, R.T.프랜스, CLC, 2013

《히브리적 관점으로 다시 보는 마태복음 1, 2》, 장재일, 쿰란, 2011

《NIV 적용 주석 마태복음》, 마이클 윌킨스, 솔로몬, 2012

《NIV 적용 주석 마가복음》, 데이빗 E. 갤런드, 솔로몬, 2011

《매튜 풀 청교도 성경주석 마가복음 · 누가복음》, 매튜풀, 크리스찬다이제스트, 2015

《존 라일 사복음서 강해 1 마태복음》, J.C.라일, CLC, 2008

《HOW TO 주석 마태복음 어떻게 설교할 것인가》, 목회와 신학 편집부, 두란노, 2007

《HOW TO 주석 마가복음 어떻게 설교할 것인가》, 목회와 신학 편집부, 두란노, 2007

《가서 제자 삼으라》, 장흥길, 한국성서학연구소, 2009

《줌인 마가복음 1, 2》, 송태근, 성서원, 2015

《구조로 본 마가복음》, 이영재, CLC, 2017

《열린다 성경 난해구절 1》, 류모세, 규장, 2014

《열린다 성경 식물 이야기》, 류모세, 두란노, 2008

《역사 드라마로 읽는 성경 신약 편 1, 2, 3부》, 류모세, 두란노, 2012

《거꾸로 읽는 신약성서》, 차정식, 포이에마, 2015

《예수 그리스도 상, 하》, 윤철호, 한국장로교출판사, 1998

《니고데모의 안경》, 신국원, IVP, 2005

《청년아 때가 찼다》, 김형국, 죠이선교회출판부, 2012

《당신의 열심이 위험한 이유》, 래리 오스본, 새물결플러스, 2013

《존 스토트의 산상수훈》, 존 스토트, 생명의 말씀사, 2011

《사랑한다, 독사의 자식들아》, 김남국, 두란노, 2012

《NEW 호크마주석 신약》, 강병도, 기독지혜사, 2013

《아가페 성서지도》, 미카엘 아비요나, 요하난 아하로니, 아가페출판사, 2010

《아가페 · 카르타 성서지도》, 요하난 아하로니, 신대현 역, 아가페출판사, 2013

《TBC 성서연구 신약》, 은준관, 도서출판 TBC, 2013